[日]平野淳　著
[日]能田达规　绘
毛悦萤　译

时代出版传媒股份有限公司
安徽科学技术出版社

[皖]版贸登记号:12242184

图书在版编目(CIP)数据

射门吧,足球小将!/(日)平野淳著;毛悦萤译;(日)
能田达规绘. --合肥:安徽科学技术出版社,2025.5. --(小
学生兴趣入门漫画). --ISBN 978-7-5337-9208-4

Ⅰ. G843-49

中国国家版本馆 CIP 数据核字第 2024ZV8895 号

Umaku Naru shounen Soccer

© 2013 GAKKEN Plus Co.,Ltd.

First Published in Japan 2013 by Gakken Plus Co.,Ltd.Tokyo

Simplified Chinese translation rights arranged with Gakken Inc.

through Max·Information Co.,Ltd.

[日]平野淳　著

射门吧,足球小将!

SHEMEN BA ZUQIU XIAOJIANG

[日]能田达规　绘

毛悦萤　译

出版人:王筱文　选题策划:高清艳　周璟瑜　责任编辑:程羽君
责任校对:沙　莹　责任印制:廖小青　封面设计:悠　婧
出版发行:安徽科学技术出版社　http://www.ahstp.net
(合肥市政务文化新区翡翠路 1118 号出版传媒广场,邮编:230071)
电话:(0551)63533330
印　　制:安徽新华印刷股份有限公司　电话:(0551)65859525
(如发现印装质量问题,影响阅读,请与印刷厂商联系调换)

开本:710×1010　1/16　印张:12　字数:160 千
版次:2025 年 5 月第 1 版　2025 年 5 月第 1 次印刷

ISBN 978-7-5337-9208-4　　定价:42.00 元

　　迄今为止，我已和数以千计的足球小将们一起追逐过足球了。看着这些孩子们，我明白了一个道理：越是优秀的足球小将，就越能享受踢球的乐趣。正因为踢足球是快乐的，那些孩子们才会在球队训练之余一个人磨炼自己擅长或不擅长的足球技巧。就这样，他们付出了比别人多几倍的努力，也最终绽放出了属于自己的才华之花。

　　想要踢好足球，最好的捷径就是"享受足球"。本书用浅显易懂的文字和漫画介绍了许多足球技巧与练习方法，孩子们随时随地都可以独自练习。首先，就让我们从"和足球做朋友"开始吧！

　　或许就算没有足球陪伴，我们依然能度过一生。但当通过足球有所收获时，我们一定也会觉得踢足球真的是件很棒的事。那么，让我们一起从足球中寻找快乐吧！

平野淳

本书特点和使用方法

①**生动的漫画情节：** 足球菜鸟因为偶然的机会进了一个球，于是他带着热情与努力，开始了与伙伴的足球之旅，你也一起来吧！

②**阅读顺序：** 分镜框与对话框都是从上到下、从右往左进行阅读的，请特别注意。

③**丰富的足球技巧：** 手把手教你从零基础开始，学习踢足球的各种动作和知识，揭秘练习的要点和技巧，分步骤解读。

④**重难点：** 每个动作都有关键要领，避免走弯路。

⑤**详细图解：** 每个步骤都有详细动作图解，边看边练，事半功倍。

目录

MANGA SOCCER PRIMER

登场人物

MANGA SOCCER PRIMER

小豪

虽然是足球新手，但在与日出骄阳俱乐部队员和哥哥阿健的足球训练过程中逐渐感受到了踢足球的快乐。

千绘

日出骄阳俱乐部的守门员。凭借着敏锐的判断力和敏捷的动作，守卫着球门。

百合

日出骄阳俱乐部的王牌球员。有着高超的足球技巧。

小光

擅长盘带，是蓝色闪电俱乐部的王牌球员。和小豪是竞争对手。

小宏(左)／小仁(右)

小豪的队友。曾经是蓝色闪电俱乐部的队员，但被小光赶出了球队。

洪教练

日出骄阳俱乐部的教练。看起来性格散漫，却能给出准确的指导，一直温柔地守护着孩子们。

阿健

小豪的哥哥。曾经是日出骄阳俱乐部的球员，会在小豪进行单人训练时担任他的对手，并给出指导意见。

日出骄阳足球俱乐部，

对战隔壁镇的蓝色闪电足球俱乐部的练习赛！

少儿足球赛大多是8人制。

但他们只有8个人啊。足球不该是11个人一队吗？

没错！今天教练有事不在，就让我来当临时教练帮忙看看。

日出骄阳队，我记得是哥哥你读小学时的球队吧……

不过，因为骄阳队队员总共只有8人，所以我把你叫来当替补了。

啊！可我都没好好踢过足球

你就在替补席上坐着就好啦。只是以防万一嘛。

哦。

他是蓝色闪电队的小光。

好厉害！对面7号已经进了两球了！

今天就先踢到这儿吧。

唉，对面真没劲儿。

开始反攻！

好，只要小光下场，就到我们的主场了！！

咦？他怎么才上半场就不踢了啊。

呜呜！好痛啊！

松本，没事吧？

不就蹭破了点儿皮嘛……

中场休息！

别小看人了！！

好痛——

松本同学！

让他上场也只会拖后腿的！

阿健哥哥，再怎么说也不该让新手上场吧……

啊？

没办法了，小豪，你来替松本上场吧。

先上再说！快去！

哥哥，可我根本踢不了啊。

对手是蓝色闪电，要是我们少了一个人的话，就更没法和他们踢了啊！再说，这样也不尊重对手。

007

哇啊，怎么办啊?! 啊?

喂，小豪！球去你那边了！！

好……好的！ 别管那么多了，你就大胆踢吧！！

ガツ

砰

唉，哥哥真是强人所难——

我就找个角落，老老实实待着吧。

唰啦 ！

碎

哇啊！

球，进了。 咦？

咦？我是前锋吗？

好，追平了！一鼓作气反超他们！

都把球传给前锋。小豪，快接球！！

漏接

弹飞

滑走

要没时间了！

百合！

啊哈哈哈哈哈哈

因为这是我第一次踢啊……

什么嘛！果然指望不上你！！

战胜他们！！

蓝色闪电队小瞧人，还让我们的队员受了伤，我一定要……

千钧一发！百合把球从球门线追回来了！

嗷嗷嗷嗷嗷嗷！

噢……噢！

好机会！小豪，快去球门那边！！

比赛结束。
比分 3：2，
日出骄阳足
球队胜出。

进球了！
反超了！

哼……
真可笑。

小豪弟弟，你进了两个球，真厉害！！

太好了！！我们第一次赢过了蓝色闪电队！！

干吗啊！说这种输不起的话！！

不过就是赢了我们队的替补而已，有什么好高兴的。

要是我们这些主力在场上，你们根本赢不了的。

小豪同学，你之后有打算吗？

可恶！

第三个球不也几乎是你们队那个女生进的吗？

哈哈……侥幸进球的人说什么呢。

你确定？

噢噢——

鼓掌
鼓掌
鼓掌

我要踢得一次比一次好，争口气给他们看！

好！我要加入日出骄阳足球队！！

第1章

和足球做朋友吧！

解说

试着触摸足球吧

足球是最受欢迎的球类运动之一。
先尽情地去触碰足球,和它亲密相处,把它当作朋友——这才是学好足球的捷径。

Question

想和足球做朋友,我该怎么做呢?

Answer

享受触摸足球的过程吧。

想踢好足球,第一步就要亲近足球。和足球成为朋友,也就不会有所顾忌了。试试坐在球上、把球扔出去、用身体或者两脚去触碰球……尽情尝试用各种方式去触碰足球吧!

右图是适合小学生的4号球,它的直径约为20.5厘米,重量为350~390克。

 和足球身体接触的各种方式

将球放在地上,试着把头枕在球上、坐在球上。

⚽ 把足球当枕头试试看!

足球是我们的朋友哦!

仰面躺下,将球置于头与地面之间,来试着感受球的形状吧。

※ 请在运动场等安全的场地进行练习。

⚽ 把足球当椅子试试看!

●尝试坐下

坐在球上。

●尝试将双脚悬空

张开双手,保持平衡。

你能这样坐在球上保持多久?

将两脚悬空,并尽可能保持平衡。

●尝试在悬空状态下合并双脚

将双脚悬空,试着像拍手那样合并双脚。用双手来保持平衡,以防坐空。

●尝试在拍手的同时合并双脚

将四肢悬空,试着在拍手的同时合并双脚。

把足球抛到正上方再接住试试看！

尝试在被抛起的球落下前做各种动作，然后接住球。

●直接接球

接住落下的球。

动作示范

向上抛球

●拍手一次再接球

啪！

拍手一次后再接球。

●触地一次再接球

双手触地一次后再接球。在刚开始练习时，也可以等球在地面反弹起来后再接球。

●原地转一圈再接球

原地转一圈后再接球。在刚开始练习时，也可以等球在地面反弹起来后再接球。

用脚夹住球试试看！

尝试用脚夹住球并举起，仰卧后再用前胸接住球吧。

1

坐下并伸开腿，用双脚的内侧夹住球。

2

双脚保持夹住球的姿势并缓慢举起，上半身向后倒，逐渐贴近地面。

3

双臂保持不动，不要伸手去接球。

当背部接触地面时，双脚张开放球，再用手接住落下的球。

 用腹部压住球试试看！

尝试用腹部压住弹起的球，不要因为害怕而闭眼哦。

1

将球抛到正上方。

2

仔细观察球的反弹方向。

用身体挡住落地反弹的球。

3

注意膝盖不要接触地面。

双手触地，用腹部将球压住。

※ 箭头怎么看？ ➡ 代表腿部或身体的动作。 ➡ 代表球的运动方向。

019

把脚放在球上动动看！

尝试把脚放在球上，并做动作吧。

●将单脚放在足球上

右脚放在足球上，不要用力。

左脚牢牢地踩在地面上。

将右脚放在足球上。右脚的中心位于足球的最高点位置，保持不动。

●试着活动活动放在球上的那只脚

刚开始眼睛可以盯着球，熟练了之后，试着眼睛不看球地练习。

注意不要让脚离开足球的中心位置。

前后活动放在足球上的那只脚。接下来，保持膝盖位置不动，用脚画圆。两只脚都试着做做看吧。

●试着跳一下

熟练之后，逐渐增加跳跃的高度。

继续保持把脚放在足球的正中间。

支撑腿抬高，脚离地。

将球踩在右脚脚下，只左脚跳起试试看。接下来再交换两只脚的位置，跳起来试试看吧。

●试着原地转一圈

后背挺直。

将脚踩在足球的中心位置。

将单脚放在足球上，只用另一只脚跳起，以踩在足球上的脚为中心转动身体。试着将左右脚交换，朝反方向转圈吧。

用脚的内侧触碰球试试看！

有节奏地用脚的内侧触碰足球吧。

● **正面触球**

左脚跳起。

将左脚落在足球上。

将球放在身体的正前方，并将右脚放在足球上。

抬起右脚。

在收回右脚的同时，左脚跳起。

左脚落在足球上。喊出"1、2、1、2"，随着这个节拍跳起交换双脚吧。

● **侧面触球**

双脚分开，将球放在两脚之间。

左脚向左迈一步，用右脚的内侧触碰足球。（注意不要让球滚动。）

右脚向右迈一步。

用左脚的内侧触碰足球。跟随节拍，左右脚交替练习吧。

用脚带球试试看!

试着用脚的内侧滚动足球吧。

●让球左右滚动

将足球放置在两脚之间。用左脚的内侧让足球向右脚的方向滚动。

上身保持不动,不要让足球停下,用右脚的内侧让足球向左脚的方向滚动。

同样不要让足球停下,继续用左脚的内侧让足球向右脚的方向滚动。让足球在左右脚之间来回运动。

●边滚动足球,边旋转身体

让足球在左右脚之间来回滚动。

边让足球在左右脚之间来回滚动,边慢慢旋转身体。

注意不要让足球滚出身体正下方。

在旋转一圈后,反向再挑战试试看吧。

第1章 和足球做朋友吧！

 用脚心停住足球试试看！

用脚心停住弹起的足球吧。

1

将球抛至身体正上方。

2

等足球落地反弹起来时，将一只脚抬至足球上方。

3

用脚心压住反弹的足球。左右脚交替练习试试看吧。

 把球放在脚背上试试看！

把球放在脚背上，并尝试保持平衡吧。

1

抬起右脚并勾住脚尖，让球搭在脚背上。

2

用小腿和脚背夹住足球。足球放稳后松开双手。

3

努力保持平衡，挺直身体。

你能保持几秒不让球落地呢？

用双脚夹起足球试试看！

用双脚夹住足球跳起来吧。

1

用双脚的脚踝夹住足球。

2

保持夹住球的动作，试着跳起且不要让球落地！

3

双手摆好姿势，预备拿球。

在还没落地前，双脚松开足球。

4

双手抓球，双脚落地。

 和足球一起动起来！

一边用脚的内侧控制足球，一边带球移动吧。

● **一边横向迈步，一边带球移动吧**

1

将一只脚轻踩在足球上。支撑脚（直立的那只脚）横向迈一步。

2

用另一只脚的内侧轻擦足球的表面，使球横向滚动。

3

当足球滚向支撑脚时，那只脚再横向迈一步。试着重复以上步骤。

● **一边向前迈步，一边滚动足球吧**

注意让轻踩在足球上的那只脚的脚尖微微朝外。

支撑脚先向前迈步

一只脚轻踩在足球上，支撑腿向前迈一步后，脚心发力让足球滚向支撑脚的旁边。有节奏地一步一步前进吧。

和家人一起！
中场休息
H A L F   T I M E

如何有效地做热身运动呢？

~热身运动和防止受伤~

踢足球属于剧烈运动，所以在这之前一定要做好热身运动哦。热身运动不仅能活动身体，有益训练，还能防止我们受伤。特别是在天冷时，热身运动尤为重要。进行热身运动的原则是先做简单的运动暖暖身，之后再循序渐进，逐渐提高强度。

⚽ 第一阶段热身（约5分钟）

尝试用较慢的速度跑步或运球。在慢跑时活动四肢，或朝各个方向迈步吧。做好拉伸运动也很重要哦。

两人一组，互相帮助拉伸吧。

⚽ 第二阶段热身（约5分钟）

逐渐提高运动强度吧。不要只做直线运动，试着像足球比赛时一样变换方向运动吧。

试试Z形跑动吧。

试试高抬腿跑吧。

⚽ 第三阶段热身（5~10分钟）

试着全力冲刺，让身体做好准备，以便做出各种动作吧。有可能发生身体碰撞的激烈比赛前，我们可以与队友一组，背靠背彼此用力，像这样运用身体肌肉的运动是很有效的哦。

可以两人背抵背，看看谁更有劲儿。

踢球吧！

别说这么难听的话嘛……

那你就先试试踢球吧。

你是我的弟弟，要是因为你给大家的训练添麻烦就不好了。

小豪，你在参加日出骄阳队的训练前，要先和我进行个人训练！

你在往哪儿踢啊？

好的。

你好好瞄准我的位置踢过来看看。

嘿！

啊……脚尖踢球啊。

啊？我是用脚尖踢的呀。

小豪，你是在用脚的哪个位置踢球？

脚内侧、正脚背，足球还有这么多踢法吗？

特别是初学者，从脚内侧踢球和正脚背踢球学起比较好。

脚尖踢球这种踢法，经常在室内五人足球中用到，但不常在十一人足球里用到啊。

我来给你示范一次，你注意看。

正脚背踢球一般用于中距离射门或者长传，在你想把球强力踢出时就用这招。

好快！

用脚背发力踢球，就叫正脚背踢球。

正脚背踢球
（脚背正面踢球）

这是长距离情况下常用的一种踢法。因为这种踢法更容易踢出弧线球，所以也可以在踢任意球和角球时使用。

方向变了！！

而当你用脚背前半部分的内侧踢足球的外侧时，这种踢法就是内脚背踢球。

内脚背踢球
（脚背内侧踢球）

哇，瞄准球门柱踢的吗？

想要准确地控制球的方向，就用这招。

而用足弓内侧将球踢出的踢法就是脚内侧踢球。

脚内侧踢球

好灵活！！

虽然这种踢法很难，但可以做出假动作，声东击西。

反之，用脚的外侧踢球就是脚外侧踢球。

脚外侧踢球

太强了！

这种踢法很难，但用这种踢法，能踢出与内脚背踢球方向相反的弧线球。

与内脚背踢球相反，用脚背外侧将球踢出，就是外脚背踢球。

外脚背踢球
（脚背外侧踢球）

首先得从基础的脚内侧踢球开始。

太厉害了！我们快从外脚背踢球踢弧线球开始学起吧！！

不行！

今天我们就以那根球门柱为目标来练习踢球吧。

用脚内侧踢法好好瞄准目标是基本。

在学习各种足球踢法时，"准确地踢球"这一点很重要。

哦哦。

然后正面反弹回来。

支撑身体的脚要放在足球的水平侧面。

助跑时，要直面足球跑过去。

像这样，瞄准了再把球踢出去，球就会正中球门柱……

这么简单的练习，小菜一碟。

唉，这练习真无聊。我还想学学类似电梯球那种更酷的踢法呢！

离门柱近一点也没关系，直到足球这样反弹回来十次。

唔。

连这么简单的练习都做不到还想踢电梯球，你还差十万八千里呢！

才刚开始踢球一两天的人，怎么可能一下就水平突飞猛进呢。

可恶，没我想得那么容易啊。

支撑身体的那只脚，脚尖朝着目标方向！

膝盖，再放松一些！

我知道了……

那我就先回家去了，你就自己好好加油吧。

他该不会一直待在足球场练习吧……

啊？他还没回来吗？

阿健，小豪去哪了？马上要吃晚饭了。

还真在！！

啊——还是不行！

这不是已经成功十次了嘛。

别再踢了！

已经到十次了！

要求太严格啦！！

快滚回这里啊！回这里！！

该吃晚饭了。

啊，哥哥。

太好啦！！

不错，脚内侧踢球已经练得有模有样了！从明天起，你就可以和日出骄阳俱乐部一起训练了！！

我们要好好相处哦！

噢，你就是阿健的弟弟啊。我姓洪，是日出骄阳俱乐部的教练。

日出骄阳俱乐部教练
洪教练

您好……

小豪，你终于来啦，等你好久啦。

我是7号百合。

好嘞，大家都过来向新队友做个自我介绍。

我是2号安田。

我是3号中村。

我是4号松本。

我是担任守门员的千绘，请多关照啦！

哦……

我们俩是铜墙铁壁后卫组合！

咦？怎么感觉与之前相比人数变少了呢……

啊？！怎么会这样……只有6个人，那连8人制足球赛都参加不了啊？

现在队里只剩下5个人，加上你6个人。

嗯，因为六年级的队员们要为小升初考试做准备，所以上回其实是他们最后一次参加比赛了。

036

来者不拒，去者不留。

毕竟我们日出骄阳俱乐部的格言就是……

而且，比赛并不代表足球的全部。

足球这项运动，人数不够就没法进行了。

这样说漂亮话真的没问题吗！！只有6个人，不就连比赛都踢不成了嘛！

没事儿吧，我们的教练……

呃——

请多关照啦，"进球王"同学。

好了，把新人也算上，我们先来两人一组做传球训练。

嗯？他还是进步了一点的嘛。

哼……觉得我是足球新手就小看我。

看好了！

怎么样！

虽说是新人，但还不赖。脚内侧踢球踢得有模有样的。

嗯……

啊！

踢空

スカッ

啊！

溜走

好，现在一边向前后左右跑动，一边传球！

小豪，是块踢球的料。

不过，虽然现在是三脚猫，但还是有踢球的天赋的。

看来只能踢好定点的脚内侧踢球啊……

解说

基础踢法

学习足球,要先从"踢足球"的"踢"法开始学起。
足球的踢法多种多样,我们要根据实际情况,选择最有效的踢法。

Question

应该用脚的哪个位置来踢球呢?

Answer

踢法不同,触球的位置也各不相同。

 足球主要用脚的这些位置来踢!

足球的踢法多种多样,根据踢法的不同,出球的准确度、强度、高度、距离也会发生变化。接下来,我们学习正脚背踢球、脚内侧踢球、脚外侧踢球、内脚背踢球、外脚背踢球这些基础踢法的要点吧。

正脚背踢球

用脚背踢球。这种踢法能踢出强力的球。

内脚背踢球

用大脚趾趾根部位踢球。这种踢法可以踢出弧线球。

脚内侧踢球

用足弓内侧踢球。这种踢法能准确地传球。

（右脚）

外脚背踢球

用小脚趾的趾根部位踢球。这种踢法能踢出向发力脚的方向旋转的弧线球。

脚外侧踢球

用脚的外侧踢球。这种踢法可以在身体保持向前的同时,踢出飞向斜前方的球。

多加练习,努力掌握各种踢法吧!

Q 踢球时,只要竭尽全力踢出去就好吗?

A 不是,在踢球的基础姿势中,膝盖以下部位的摆动最为重要。

无论用哪种踢法,重点都在于敏捷地摆动膝盖以下部位。踢球时,如果只是大幅度摆动脚踝,就无法好好控球,也很难让球加速。此外,踢出的球的方向和高度等也会随脚踏地的位置、支撑脚的脚尖朝向而发生改变。

踢球时的感受因人而异,想对自己踢的球有信心,需要多加练习。

⚽ **踢球姿势**

头
好好看着球。

手臂
大幅度摆动为身体助力。手臂张开调整身体平衡。

踢球脚
摆动膝盖以下的部位发力踢球。

支撑脚
紧贴地面站稳。注意与球的位置关系和距离。

来练练吧!

⚽ **练习保持支撑脚的平衡**

为避免踢球时身体左右摇晃,支撑脚保持好平衡十分重要。一起来练习吧。

一同用力

练习方法

两人一组,双手持球,面向彼此,单腿站立。用自己的球推动对方手中的球,双脚先落地的一方输。

Question

正脚背踢球怎么踢?

Answer

用脚背用力踢球。

用这个部位来踢!

正脚背踢球, 就是用脚背正面踢球的技巧。这种踢法能踢出强而有力的球。常被用于大力射门或远距离传球。

1 跑向足球, 在距离球 10～15厘米时, 将支撑脚踏实。

2 手臂大幅度挥至身后, 身体蓄力。

3 支撑脚踩在足球的侧面, 踢球脚的膝盖以下部位用力抬起。

支撑脚离球的距离太近或太远, 都无法把球踢好。

盯好球。

脚趾紧贴鞋底, 脚踝保持舒展。

10～15厘米

4 盯好球, 用脚背踢球的中心位置。

眼睛盯着球运动的方向。

5 用踢球脚全力向前踢出。

用**这个**部位来踢!

Question

脚内侧踢球怎么踢?

Answer

用足弓内侧,踢出精确的球。

脚内侧踢球是用足弓内侧踢球的技巧。采用这种踢法时,脚与球的接触面积大,所以能保证稳定地踢到球。因此,脚内侧踢球常在精确传球或射门时使用。

盯好球。

支撑脚踩在足球的正侧方。

1 在与球的距离在 10 ~ 15 厘米时,径直接近足球,将支撑脚踏实。

将脚踝转动 90 度,保持姿势。

支撑脚的膝盖放松。

呈 90 度

10 ~ 15 厘米

2 踢球脚与支撑脚呈直角张开,将脚踝转动 90 度,脚部用力,保持姿势。

膝盖不动。

3 摆动支撑脚膝盖以下的部位,踢球。

上半身微微前倾。

4 脚后跟向前推出。

⚽ 易错要点!

支撑脚不在球的正侧方。

如果支撑脚没有放在球的正侧方位置,或是离球过远,就无法将球踢向目标方向了哦。

※ 箭头怎么看? 代表腿部或身体的动作。　　 代表球的运动方向。

脚外侧踢球怎么踢?

用这个部位来踢

用脚部的外侧踢球。

脚外侧踢球是用脚的外侧来踢球的技巧。摆动膝盖以下的部位并用脚踝发力,就能踢出脚外侧踢球。这种踢法能踢出与身体朝向不同方向的球,因此能达到出其不意的效果。

脚尖向内向下。

球的运动方向。

10 ～ 15 厘米

1 跑向足球,在与球间隔约半个球的位置,将支撑脚踏实。

支撑脚朝向正前方。

踢球脚的膝盖放松。

2 踢球脚的膝盖抬至足球上方,摆动膝盖以下部位,绷脚背。

将膝盖以下的部位向斜前方摆动。

3 用脚背外侧到踝关节之间的部位,踢向足球的中心。在踢球的瞬间,让下压的脚背回到正常位置,就能踢出强有力的球。

重心方向。

4 身体的重心向踢球的方向移动后,再准备下一步动作。

Question

内脚背踢球怎么踢？

用这个部位来踢！

Answer

用大脚趾的趾根部位来踢球。

内脚背踢球是用大脚趾的趾根部位，精准地踢球的正下方位置的技巧。这种踢法会让球发生旋转，因此能踢出向踢球脚内侧旋转的弧线球。内脚背踢球通常在需要踢出高而有力的球时被使用。

盯好球。

1 大幅度挥动手臂，为身体蓄力。

目标方向。

2 支撑脚的脚尖朝向目标方向，并踩实。

身体和支撑脚都朝着踢球的方向。

膝盖放松，腿自然弯曲。

约 20 厘米

3 挺起胸膛，支撑脚踩在球的正侧方 20 厘米左右。支撑脚与身体都朝向踢球的方向。

上半身向后倾。

用大脚趾的趾根部位踢球的正下方位置。

4 踢向球的正下方。如果踢的部位不是球的正下方，球就无法飞向高处。

5 用力踢出。

⚽ **易错要点！**

如果身体是前倾的，脚就不能踢中足球正下方，也就无法踢出高球了。

外脚背踢球怎么踢?

用小脚趾的趾根部位踢球。

用这个部位来踢

外脚背踢球是用小脚趾的趾根部位踢向球的正下方的技巧。用外脚背踢球，可以踢出和内脚背踢球方向相反、向踢球脚外侧旋转的球。

1 身体放松，径直接近足球。

身体放松。

2 支撑脚踩在离足球稍远的地方。

约20厘米

3 用踢球脚的小脚趾趾根部位踢球的正下方。

4 用力大幅度摆动踢球脚，从外向内画弧线。

球会朝着踢球脚的外侧旋转。

5 眼睛盯着球的同时，摆动双手维持身体平衡。

⚽ 要点提示

外脚背踢球的踢球姿势看起来与正脚背踢球相同，因此也能起到误导对手的作用。

Question

如何才能通过练习，提升踢球技术呢？

Answer

在玩耍中掌握踢球的技巧吧。

有趣地练习才是最好的练习。来试试一个人也能做的练习和游戏式的练习法吧。

来练练吧！

☼ **"模拟球门"游戏**

让足球穿过对方的双脚之间。先用脚内侧踢球试一试吧。

练习方法

两人一组，一人双脚自然开立，另一个人瞄准对方的两脚间踢球。最开始先用脚内侧踢球尝试，接下来再尝试用正脚背和脚外侧的技巧踢球。动作熟练以后，再尝试改变双脚开立的间距和两人之间的距离吧。

重点在于踢直线球。

刚练习时，两脚的间距要比肩宽。

两人之间的距离保持在3～5米。

☼ **"渐近传球"游戏**

两人面对面，不中断地持续向对方传球。在持续传球中不断缩短两人之间的距离。用脚内侧踢球来尝试吧。

1

踢出让对方容易接住的球。

不停球，直接将球传回去。

每踢一次球就向对方走近一步。

练习方法 两人相隔 8 米左右，彼此面对面，仔细控球并将球传给对方。将球踢出后，就向对方走近一步。不要拦下对方传回的球，直接将球踢回给对方。

2

随着双方距离的缩短，控球的难度也会提高。

逐渐缩短两人间的距离。当传球远离对方无法再被对方踢到时，踢出球的一方输。

来练练吧!

⚽ 对墙踢球　※ 请事先确认这面墙是否可以用于踢球。

要练习踢运动中的球，对墙踢球是最简单的练习方法，一个人也能进行练习。要注意用正确的部位踢球，不然就无法控制球的去向哦。

仔细看球。

确定球运动的目标位置。

练习方法
朝墙面踢球。将球径直踢出，球就会朝自己所在的方向回弹回来。

通过练习来掌握，改变踢法会给球的速度和高度带来怎样的变化吧。

⚽ "射横梁" 游戏

踢空中的球射中球门横杆的游戏。试着用脚内侧踢球和正脚背踢球来挑战吧。

松开手中的球。

哦

在球还未落地前踢出。

练习方法
双手持球，举至胸前高度，松手让球下落，踢中下落中的球的中心位置。来和朋友比赛，看谁能踢中横梁更多次吧。熟练以后，再挑战更远距离的踢球吧。

⚽ 避障传球

试着在不接触到路障的情况下，用各种踢法向对方传球吧。

踢高球越过路障上方。

路障

踢弧线球从侧方绕过路障。

练习方法

两人一组，保持 20 米左右的距离。在两人中间放上路障。试着在不让球碰到路障的情况下向对方传球吧。

可以用正脚背踢球、内脚背踢球让球高飞从而飞过路障。也可以用脚内侧踢球、脚外侧踢球踢出弧线球从而水平绕过路障，一起多多练习吧。

⚽ 网球式足球

在球不落地或只落地一次的情况下，将对方踢来的球回踢给对方吧。

球落地两次前踢向对方场地。

中线

发球时，在球落地前，踢向对方场地。

练习方法

划定场地（范围），在球不落地的情况下，将球踢向对方场地并开始比赛。像打网球一样，在不落地或只落地一次的情况下，将球踢给对方。球在自己的场地中落地了两次，或被踢出了对方场地，则对方得分。比一比，看看谁先拿到 10 分取得胜利吧。

Answer

练习时，以稳稳地传球给对方作为目标。

传球的重点在于能否传出对方容易接到的球。
和接球的伙伴一起齐心协力，多加练习吧。

来练练吧！

⚽ 两人边跑边传球

依据对方的奔跑速度向对方传球。思考对方容易接球的位置在哪里，然后再向对方传球。

练习方法

两人一组，保持2米左右的间隔距离。
两人一边向同一方向奔跑，一边给对方传球。瞄准对方奔跑的稍前位置，就能将传球顺利衔接起来。熟练后，再尝试拉开间距或调整跑步速度。

刚开始练习时，两人不要间隔太远。

瞄准对方奔跑的稍前方位置进行传球。

易错要点！

在传球时，如果没有确认好对方的位置和跑步速度，球就会与对方擦肩而过哟。

⚽ "鬼抓人"传球游戏

三人以上进行传球练习的游戏。传球时要防止"鬼"把球抢走哟。

"鬼"

练习方法

决定一人来当"鬼"，剩下的人在不被"鬼"把球抢走的前提下传球。
如果"鬼"抢到了球，就由踢出这一球的人来当"鬼"。
当"鬼"次数最少的人获胜。
通过限制传球前的可触球次数，能够提升游戏难度，从而增加游戏的趣味性哟。

和家人一起！
中场休息
HALF TIME

第2章
踢球吧！

如何养成强健的体魄？

～保持良好的生活规律，做好训练后的缓和运动～

足球是一项常会与人发生身体对抗的运动，因此一定要注意防止受伤。那为防止受伤，需要注意哪些方面呢？

⚽ 规律生活，强健体魄

为预防受伤，在踢球前做好热身运动固然很重要，但更重要的是平日就保持良好的生活规律，拥有强健的体魄。养成良好的生活习惯，需要注意在"训练""营养""休息"这几方面保持平衡。训练时不偷懒，集中精力是最重要的。

我们在训练中消耗的能量，需要通过饮食来获取，这就是所谓的"营养"。每天三顿，要按时吃饭，确保身体很好地摄入营养。虽然也有人习惯不吃早饭，但早饭是一天中最早摄入身体的能量，所以我们不能不吃早饭哦。即便是香蕉、面包、牛奶等简单的早餐也没关系，一定要好好吃早饭。对于小学、初中年龄段的学生而言，吃饭与增长体力息息相关。

踏实练习、好好吃饭，接下来就要好好"休息"。如果除足球外，还要进行其他课程学习，那我们到家的时间就会变迟。回家后吃吃饭、写写作业，再看看电视，我们的睡眠时间也会缩短。但是，小学和初中正是长身体的阶段，睡眠不足可能会对身体的发育造成负面影响。因此，我们要确保每天至少睡足8个小时，并努力养成早睡早起的习惯。

"训练""营养""休息"这三项里，任何一项不规律都会使我们的注意力和体力下降，更容易受伤。

⚽ 能够消除训练后肌肉疲劳的缓和运动

缓和运动是指在比赛、训练后，为消减肌肉疲劳，或为第二天的运动做准备而进行的拉伸运动、体操等。即便是短时间的缓和运动，也能有效地预防身体受伤。为了缓解肌肉紧张，我们可以选择坐下或躺下，缓缓地进行拉伸等动作。

第3章 漫画

停球吧！

哇！

小豪，
球过去
了哦！

啊啊啊！

"停球"指的就是
拦住传球哦，它有
助于我们顺利衔接
下一个踢球技巧。

停球？

喂，小豪，
你没练习过
停球吗？

那踢球也是一样的道理。

先将传来的球停好，这点很重要。

小豪，吃回转寿司的时候，你会让盘子一边移动，一边吃吗？

当然不会！我会好好把盘子拿下来，放在顺手的位置。

停球要做到的不只是不让球滚到身后。而是应该精准地将球停在自己的脚边啊。

啊！

接球。

你看，球没停住，就会被对手抢走。

你自己琢磨琢磨吧。

那您教教我，怎么才能让停球技术变好吧。

就是自己多思考、多尝试的意思啦。

『摸索试错』？

教练一直都这样，听说更愿意让队员自己多摸索试错。

……什么嘛，那个教练。直接教我不就行了嘛。

就是因为他老是这样，队员人数才会减少的吧。

哼，百合球停得也太好了吧。

唰

咚

啊！

哇啊！

砰

肚子好饿！

你昨天看电视了吗？

哈哈哈

好——今天的训练到此结束，解散！

为什么找我陪你啊？

百合！你陪我练练停球吧！

可恶啊，我怎么都练不好停球！

好吧，真拿你没办法啊。

求你了——

这话倒是没错啦——

毕竟，百合你是队里踢得最好的嘛。

呜，为什么百合就能把球稳稳停住啊？

唉，你真缠人！

再一小会！我感觉我就快弄明白了。

这就是最后一次了哦！

我妈妈会担心的！

我们回去吧，天都要黑了！

057

停住了……

扑味！

弯曲膝盖，在触球的瞬间，脚朝球的行进方向回撤，把球拦住就好了。

我掌握诀窍啦。

高兴过头了吧……

嘚嘞嘚嘞嘞~

太好啦——哇啊——

← 三浦知良舞
（庆祝进球的舞蹈）

呜，我好不容易掌握诀窍了……

那我就先回去了。

给！

这不是理所当然的嘛。停球只需要把身体放松，将球的力量缓冲掉就好了。

把它踢到墙上等它弹回来就行啦。

借给你了。用这个,你一个人也能练习停球了。

一个小的橡胶球……

这是干什么的?

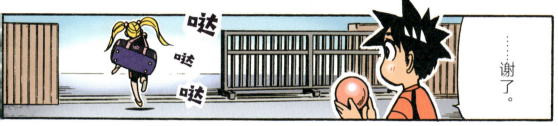

……谢了。

就用这个,能练停球吗?

小豪!!你给我到外面练去!

啪嚓

好吵啊……

要缓冲球的力度，就要把脚向后回撤……

停住球了！

哇！

啊！

哎哟哟！

说起来，百合好像也用脚以外的部位停球了。用胸口和大腿停球，和用脚停球是一个道理吗？

几天后——

小豪！

嘿嘿。

你还挺能干的嘛！

好强，把高球都成功停下了！

教练！

哟，看来你已经掌握诀窍了。

啪

啊！

离得近的话，对手就能把球抢走了。

不过，还是有些不够稳啊。

所以，小豪你的停球还有进步的空间啊。

要在球接触到大腿的那一瞬间，把腿微微放低一些。

你这样腿抬得太高了！

弹出

用双手保持好平衡。

用大腿停球的时候，要让膝盖的弯曲幅度再大一些。

哇，听了教练短短几句建议，真的一下子就变得更好了。

咚！

唔，好难活动。

好！

百合，你来盯防小豪。

好！下面来练习跑动时停球吧。

一下就被抢走了。

啊！

在这个状态下停球试试。

压制住对手，站在球要落下的地方。

大家注意，在对手贴近时，可以使用胸部停球技巧，这样就能比对手更快赶到球的下落地点。

好的。

在停球时，也要记得两臂弯曲来保持身体平衡。

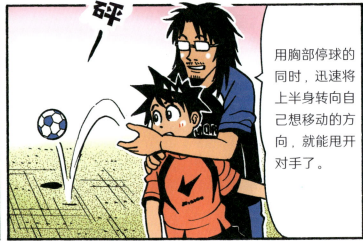

用胸部停球的同时，迅速将上半身转向自己想移动的方向，就能甩开对手了。

将身体的正面朝向足球，用胸部停球……

快速移动到球的下落地点……

啪

好，你们试试看。

迅速将身体转向自己想去的方向。

然后将身体转向自己想去的方向。

甩开敌人！

咚！

咧

……

喂，百合，你看见我刚刚的停球了吗？很厉害吧！

不愧是教练，给出的指导切中要害。

原来，比起一开始就把这些道理全教给我，我自己思考之后再听取建议会更容易理解啊——

成功啦！！

我可不擅长处理纠纷……

帮帮忙，教练，快给我出出主意！

唉，唉？！

你刚才撞疼我啦！！

啪叽

ばちい

第3章

停球吧！

解说

MANGA SOCCER PRIMER

学习停球吧

停球就是指将运动中的足球拦下来。

和踢球一样，停球也是足球的基本技巧，我们来彻底掌握它吧。

Question

停球是什么样的技巧？

Answer

是将正在运动的球用身体停下的技巧。

停球是一种为衔接下一个足球动作而让运动中的球停下来的技巧。停球的方式多种多样，比如脚、大腿、胸部、头部、肩膀等除手和胳膊之外的身体部位都能停球。所有停球方式的共同点是改变球的运动状态。高飞的球、滚动的球等处于不同状态的球，我们要根据球的运动状态选择合适的停球方式。

停球方式

胸部停球

正脚背（脚背）停球

脚内侧（脚弓）停球

脚外侧停球

脚掌停球

大腿停球

如果停不好球就无法衔接下一个技巧哦。

Question

用脚停球的方式只有一种吗？

Answer

用脚停球和用脚踢球一样，有多种方式。

有些停球方式会用到和踢球时相同的身体部位。如用到足弓的脚内侧停球、用到脚外侧部位的脚外侧停球、用到脚背的正脚背停球。此外，脚掌停球这种方式也很常用。下面将为大家介绍这些不同的停球方式。

 脚内侧停球 　用以停住滚至或飞至脚边的球。

注意身体不要后仰。

与支撑脚呈90度角张开。

1 停球脚脚踝保持不动，等待接球。

2 脚内侧接触到球的一瞬间，将脚略微向后拉，缓冲球的动能。

易错要点！

如果停球位置离脚周过近，就会很难操纵足球；如果把脚伸出得过远，就会容易停球失误。

 脚外侧停球 　在保持身体运动的同时停住球。

膝盖放松。

1 身体处于球的水平方向（侧面），稍稍弯曲膝盖。

脚踝放松，略微向内倾斜。

2 用脚外侧触球，略微向内收脚，缓冲球的动能。

停球时思考下一个动作。

3 将球停在脚能控制的范围之内。

※ 箭头怎么看？ 代表腿部或身体的动作。 代表球的运动方向。

正脚背停球 用以停住处于空中的球。

膝盖微微弯曲

脚尖微微向上勾起。

如果停球后脚踝僵硬不动，球就会被弹走。

1 仔细看清下落的球。

2 根据球落下的状态抬脚。

3 用脚背和脚尖之间停球。

4 将腿放低给球以缓冲作用，直到让球落地。

 脚掌停球 用来停住滚向自己的球。

脚尖向上勾起。

易错要点！

如果从球的正上方触球，球就会容易向后滚动，从脚下溜走。

脚踝不要放平，而应微微抬起触球。

1 脚踝微微弯曲，脚尖向上。

2 用脚掌触球。

Question

Q 可以用脚之外的部位停球吗？

Answer

A 大腿、胸部、头部也经常用于停球。

大腿、胸部、头部也经常被用以停住空中下落的球。来一起学习掌握胸部停球与大腿停球吧。

 大腿停球　用以停住处于空中的球。

大腿抬起的角度不要超过 90 度，轻轻让球下落至地面。

易错要点！

如果过高地抬起膝盖，球就会被弹开而无法被停住。

1 看清下落中的足球，抬起大腿。

2 膝盖放松，不要用力，在接触到球的一瞬间大腿微微后撤，给球以缓冲作用。

胸部停球　用以停住高飞球。

预测球的下落地点，并向下落地点移动。

在胸部接触到球的瞬间微微含胸，给球以缓冲作用。

易错要点！

如果挺胸过高，球就会反弹至面部周围。且会导致身体失去平衡，难以进行下一个动作。

1 看清飞来的足球，微微挺胸。

2 倾斜胸膛，使球滚向更易于进行后续动作的位置。

学习颠球吧

颠球是一种用除双手、手臂之外的身体部分触球，让球不落地的技巧。
练习颠球，有助于提高踢球与停球技术。

Question

提升颠球技术的诀窍是什么？

Answer

接触球的正中位置，朝正上方颠起。

在颠球时，需要用身体部位接触球的中心位置，再朝正上方颠起。下面将介绍颠球的基本方式。

 触地回弹颠球　重点在于用脚背颠起球的正中位置。

脚跟保持固定

接触球的中心位置

1 将球轻轻抛至上空（等待其落地）。

2 等球触地后回弹。

3 在回弹的球即将下落时，用脚背轻轻触球，将球向上方颠起。

4 在胸口附近位置，用手接住将刚刚颠起的球。

 要点提示

初次练习时，先以有间断的单次颠球为主，之后再尝试不间断颠球。最开始先练习正脚背颠球，之后再尝试脚内侧颠球。

易错要点！

在颠球时，弯曲或甩动脚踝，会无法将球颠至正上方。此外，如果脚踝过于用力，也会造成难以控球的情况。

正脚背颠球　诀窍是颠球时脚踝不动。

脚踝保持固定。

1 将球轻轻抛至正上方（等待足球落地）。

2 仔细看球，脚踝不要转动，保持静止。

3 用脚背将球轻轻向上踢起。

4 用手接住颠起的球。

 脚内侧颠球　诀窍是保持脚背与小腿呈直角的姿势。

脚背和小腿呈直角。

1 球轻轻抛至正上方（等待足球落地）。

2 仔细看球，踢球脚保持脚背与小腿呈直角的姿势。

3 踢球脚的膝盖以下部位与地面保持平行，用脚内侧轻轻将球颠起。

4 用手接住颠起的球。

脚外侧颠球 诀窍在于屈起膝盖以下部位。

身体微微向侧面倾斜。

膝盖以下屈起。

1 将球轻轻抛至正上方（等待足球落地）。

2 仔细看球，将腿向身体外侧弯曲，保持脚背与小腿的夹角角度不变。

3 踢球脚的膝盖以下部位与地面保持平行，用脚外侧触球。在触球瞬间，将球轻轻向上颠起。

4 用手接住颠起的球。

 大腿颠球 诀窍是保持大腿与地面平行。

大腿与地面平行。

易错要点！

1 将球轻轻抛至正上方。

2 弯曲膝盖，用大腿的正中部位接球。在触球瞬间，将球轻轻向上颠起。

3 用手接住颠起的球。

如果将膝盖抬得过高，球就会飞向面部。因此，将膝盖保持与地面平行即可。

头部颠球　诀窍是用发际线位置触碰球的中间位置。

用发际线位置触球。

膝盖稍稍弯曲。

膝盖发力。

1 将球轻轻抛至正上方。

2 仔细观察下落的球。

3 用额头触球，在触球瞬间伸直膝盖，将球轻轻顶起。

4 用手接住颠起的球。

 肩部颠球　诀窍是从球的正下方，将球的中间位置轻轻顶起。

用肩膀轻轻推起球的中间位置。

1 将球轻轻抛至正上方。

2 上半身移动至球将下落的方向，肩膀靠近球。

3 在球接触肩膀的瞬间，轻轻将肩膀向上顶。

4 用手接住颠起的球。

如何练习停球?

试着停住处于不同运动状态的球。

在比赛中，我们无法预料会接到什么样的传球。一起来进行停球练习，
停住处于不同运动状态的球吧。

⚽ 停住对方抛来的或回弹过来的球

来进行各种停球训练，试着停住滚到脚边的球、回弹过来的球、从高处落至头顶的球等不同运动状态的球吧。

●两人一组　　　　　　　　　　　　●利用墙壁

练习方法
两人一组，互相给对方抛球练习。

单人练习时，试着停住击中墙壁后回弹的球吧。练习时，也可以自行调整球回弹的力度哦。
※ 事先确认墙面是否可以用于练习。

⚽ 让对方抛球来进行练习

将对方抛来的球，用正脚背踢球、脚内侧踢球、脚外侧踢球的方式踢向对方胸口。或将对方抛来的球，用大腿颠球后用手接住。灵活运动你学到的颠球技巧吧。

将球踢回时力度不要太大。

用膝盖与大腿根的正中间部位颠球。

练习方法
试着以将球送出去的动作，将对方抛来的球直接踢回至对方胸口附近。

将对方抛来的球，用大腿颠起后，用手接住颠起的球。大腿触球的瞬间轻轻将球顶起。

和家人一起！
中场休息
HALF TIME

应该在练习时补充水分吗？

~根据情况选择饮用水或运动饮料~

不仅限于足球，在所有运动里，补充水分都是关乎健康的、至关重要的事。
那么，我们应该在哪些时候，以什么样的方式摄取水分呢？

◉ 不要忘记喝水

尽管青少年的体形相对较小，但他们拥有与成年人同等数量的汗腺，因此在运动时也会流失相当多的水分。因此，青少年必须确保摄入足够的水分。在踢足球时，我们常常因为过于专注而忘记喝水，所以务必要多加注意。

那我们应该如何在运动时补充水分呢？当我们进行约一小时的练习或比赛时，只需要补充水分就可以了。但是，如果持续进行一小时以上的训练，我们就需要适当补充能量和因出汗而流失的钠等矿物质（矿物质是人体内无机物的总称，是人体所必需的营养素）。这时，选择饮用运动饮料会有更好的效果哦。

◉ 在饮用过甜的运动饮料时需多加注意

运动饮料中含有多种成分，用于帮助人体补充能量和矿物质，其中特别需要注意的就是糖分。如果运动饮料的含糖量过高，我们的身体吸收糖分所需的时间就可能很长。

此外，血液中的糖分快速上升会刺激神经产生饱腹感，从而导致我们在练习后的短时间内失去食欲。身体是通过进食摄取大部分能量和营养素的。如果因饮用运动饮料而感到饱腹，就可能让人无法摄入足够生长发育的能量。

此外，如果在练习后一口气喝太多果汁或运动饮料，在短时间内产生了饱腹感，就可能会导致在疲劳状态下入睡。为避免这种情况发生，我们应在较短的时间间隔内分多

次摄入水分，而不是一次性摄入过量的运动饮料。

我们也可以通过稀释运动饮料来调整其中的糖分。虽然稀释后的运动饮料可能会失去一些风味，但从身体成长发育的角度考虑，从现在开始慢慢尝试和适应稀释后的饮料，也是一个不错的选择。

我叫小宏。

我叫小仁。

我们想上场比赛，让我们加入日出骄阳队吧。

因为蓝色闪电队的队员太多了，我们总没机会上场，没法发挥自己的实力。

啊，真的！是之前那场比赛里后半场上场的队员。

啊，这两个人不是蓝色闪电队的队员吗？

嗯，我们日出骄阳队的口号就是"来者不拒"。

别这样！能再多2个人的话我们就有8个人了。就能凑齐队员参加比赛了。

这是什么意思啊！是在小瞧我们骄阳队吗？

刚才的传球简直配合得出神入化！

小仁和小宏踢得好好呀！

啊！

……

但是，你们为什么从蓝色闪电退队了呢？

这样大赛说不定也能踢出好成绩。

好厉害！多亏了小仁和小宏加入我们，我们的训练更有水平了！！

……

喂，别说了！

还不是因为你进了球……

你们俩，能退出蓝色闪电队吧？

我可不想和这种新人比赛也能丢两个球的人在同一个队里。

啊？被赶出队伍？！

小豪！！就是因为你在训练赛里进了两个球，我们俩才会被赶出队伍的！

……

震惊！

抽抽

搭搭

小光他这么说……

蓝色闪电队在哪训练？你们俩也和我一起来！我去帮你们讨回公道！！

不可饶恕！就算是输给了我，也不至于让小仁和小宏退队吧！！

上蹦下跳

小豪，你不是最近才开始练足球的嘛，他说得也没错啊。

搞什么啊！小光！居然说我是新人？

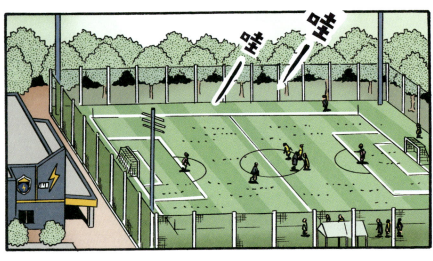

哇哇

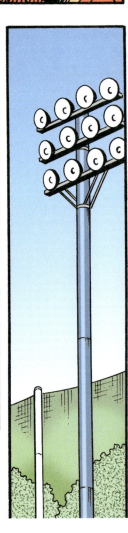

啊,他已经冲在前面了!!

我还是第一次来,真气派啊!

好厉害!这里就是蓝色闪电队的训练场地啊。

咦,小豪呢?

你是谁啊?!

喂,小光!

我是日出骄阳俱乐部的小豪!!你凭什么把小仁和小宏赶出队伍了?!

你就这么不甘心输给我吗?!

烂球技传染给我了怎么办？

和你这种球技这么烂的人比赛，还能输两个球，我可不愿意和水平那么差的人待在同一个训练场。

走运男？

呵……我想起来了，这不是骄阳队之前进了两球的走运男吗？

蓝色闪电队整支队伍，就都像是小光的私有财产一样。

啊……太可恶吧……

因为小光爸爸是大公司的老板，那个教练是他爸爸底下的员工啊。

他说出这种话，为什么戴眼镜的教练还坐视不管啊！！

那个叫小光的，居然说出这么过分的话！

之前那场比赛，你不是压根不会盘带吗？

什么？

呵。

盘……盘带我当然会！

你叫小豪还是什么来着？我说你啊，你都不会盘带吧。

你看好了。

给，你也来带带看啊。

小光是我们这儿盘带最厉害的人，谁都赢不过他的。

好厉害！球就像是黏在了脚上一样！

哦……试就试。

Z形盘带，我的最快纪录是 15 秒，队里的平均完成速度是 23 秒。你要不试试看？

慢慢 吞吞

慢慢 吞吞

哒

预备——开始！

慢慢 吞吞 慢慢 吞吞

哎哟哟

也太烂了吧！

啊哈哈哈哈哈

喂，已经一分钟了啊！你要带到什么时候啊？太阳落山吗？

啊哈哈哈哈哈哈哈

太丢人了！

呜呜！！

啊，逃走了。

呜……

你先等等——

小豪！

喂，小豪，该吃晚饭了。

抽抽搭搭

他说他不想吃。

小豪这是怎么了？

第二天——

发生什么事了？

怎么说呢……可能是因为昨天受到的打击太大了，需要暂时休息一阵吧。

咦，小豪是怎么了，今天怎么还没来啊。

教练！！

小豪？

怎么才能让盘带技术变好啊？

我要学盘带！

简单来说，想要带好球，平日里就要多接触球，重要的是要培养球感。

你、你冷静一点，盘带没有什么捷径。

让球在左右脚之间滚动也好……

用左右脚掌触球也好……

是被小豪的魄力触动到了吧。

真稀罕啊，教练居然会自己来演示。

等你能做到眼睛不看球，也能用双脚控制好球，即使实战也能保持冷静的时候，就能顺利盘带了。

啊 ば！ 是这样！

是这样吗？ 啪！ 啪！ 啪！ 啪！ 啪！

转弯时也是，要用上两只脚！要用上整个身体。

注意球与身体的间距！多触球来确保球不要离身体太远。

好！

喂，你们就在旁边看着吗？来一起练吧！

喧 喧 嚷 嚷

小光说我水平很烂，我却无法反驳……

小仁、小宏……还有大家，昨天真是对不起。

呼呼

好

我会好好练习，练好盘带的。

我会、踢得更好的。

我……我觉得我自己很丢人，也觉得很不甘心。

好嘞！我们一起进步，证明给蓝色闪电他们看看！！

小豪……

盘带与假动作

盘带是指运动员通过连续触球，使球和自己一同前进的技巧。

这是足球运动里触球时间最长的一项技巧。

一边注意周围的情况，一边盘带吧。

Question

盘带时哪点最重要？

Answer

保证脚下控球的同时，抬头观察周围的动向最重要。

盘带时将足球控制在自己脚下并与球一同行进，带球时注意别被对手抢走。在盘带中摆脱对手，不仅能获得接近球门的机会，也是踢足球的一大乐趣。

盘带的基本技巧是将球置于容易控制的位置，并抬头观察周围。每个人控球的位置、控球习惯都各不相同，让我们在练习中找到自己擅长的盘带方法吧。掌握盘带，可以减少球被对方抢走的顾虑，有利于自信满满地进行比赛。并且，当面对对手时，我们也可以通过运用盘带和传球来躲避对手，创造更多的行动空间。

⚽ **盘带的基本姿势**

后背挺直。

抬头，仔细观察周围。

球控制在脚可以随时碰到的位置。

只盯着球看可不行！

在直线盘带时需要注意什么？

要有意识地将球控制在容易操控的范围之内。

直线前进是盘带的基本。多次进行盘带练习，做到比对手更早触球，找到可以灵活控球的位置吧。首先，我们先从惯用脚盘带开始练习。

挺起胸膛

1 挺胸，抬头。

2 确保球在自己的视线范围之内。

触球后目视前方。

3 每两步触球一次，注意精准控球。

如果球离脚过近，就无法提升盘带速度。

4 用脚背偏外侧触球，将球推出。

5 球不要离脚太近，也不要离脚太远。将球保持在自己容易操纵的位置上。

易错要点！

如果只盯着球看，就会没法顾及队友和对手及周围的情况了哦。

※ 箭头怎么看？ 代表腿部或身体的动作。 代表球的运动方向。

在Z形盘带时需要注意什么？

Answer

注意用脚内侧踢球和脚外侧踢球高频率触球。

单凭直线盘带很难绕过对手。为了防止对手将球抢断，还需要运用Z形盘带技巧左右移动。

Z形盘带，需要用脚内侧踢法与脚外侧踢法频繁触球。最理想的盘带姿势是双膝微屈，重心下沉，让球始终处在自己的肚脐下方。一开始先用自己的惯用脚练习，学会后，再试着挑战双脚盘带吧。如果练习时加上角度和速度的变化，对比赛也会有所帮助。

Z 形盘带的姿势

抬头观察周围。

双膝微微弯曲，重心下沉。

将球置于自己的正下方（肚脐下方）。

要点提示

注意在盘带时，要用脚轻轻推动球。

易错要点！

膝盖过于僵硬

如果膝盖伸太直，脚就无法灵活运动。

踢球力度过大

如果大力踢球强行改变球的运动方向，足球就会从脚边溜走。

Z 形盘带的触球方式

●单脚（惯用脚）触球（图中为右脚）　　　　※ 重复步骤1~4。

1 用右脚的脚内侧，将球轻轻推向身体左侧。

2 移动身体，让球不要超出左脚所在位置。

3 用右脚的脚外侧，将球轻轻推向身体右侧，同时移动身体。

4 再次用右脚的脚内侧将球踢向身体左侧。试着逐渐提升移动速度与球速吧。

●双脚触球　　　　※ 重复步骤 1~4。

1 用左脚的脚内侧，将球踢向右侧。

2 当球超过肚脐下方位置时，再用右脚的脚外侧轻轻将球踢向身体右侧。

3 接着立刻用右脚的脚内侧，将球踢向身体左侧。

4 同理，再用左脚的脚外侧触球，将球踢向身体左侧。

Question

Q 怎样才能在盘带时改变方向？

Answer

A 可以用脚内侧和脚外侧踢法迅速转身改变方向。

"转身"是球员在盘带过程中变换方向，以此绕过对手抢断的战术。转身最重要的是要迅速。转换方向时，要快速将身体转向前进方向，甩开对手。如果我们盘带时只盯着球，我们的判断就会延迟。所以要记得抬起头，在盘带的同时观察周围的情况。

⚽ 脚内侧触球转身

用脚将球拦住。

前进方向

1 支撑脚位于足球的侧面，站稳。

2 用脚内侧触球，缓冲球的动能。

3 停球，转身。

4 转身完成后，顺势继续盘带。

⚽ 脚外侧转身

膝盖、小腿放松。

前进方

1 支撑脚踩在足球所在位置的稍靠前位置。

2 用脚外侧触球。

3 将脚踝转向外侧，改变球的方向，转身。

4 转身完成后，顺势继续盘带。

用脚掌改变盘带方向

看清周围以便施展下一个动作。

1 用脚掌向后拉球，将身体转向拉球脚的外侧。

2 用脚内侧将球推出，改变球的前进方向。

3 甩开对手后，抬头判断周围情况。

 踩单车式盘带（跨过足球朝反方向盘带）

1 用右脚从球的外侧向球的内侧跨步，让对手误以为自己是在向左侧移动。

2 用右脚的脚外侧，或是左脚的脚内侧迅速将球向右推出，躲开对手。

3 左右脚交换动作，就能向左侧移动，躲开对手。

怎么练习假动作?

Answer

想象有对手,并重复练习假动作。

假动作是一种利用身体动作和视线等迷惑对手,随后趁机摆脱对手的技术。假动作的要点在于以下几点:"预判与对手的距离""积极地发起进攻""观察对手动向并做出与其预料相反的动作",以及"在摆脱对手后加速"。通过假想对手的存在,反复练习,从而掌握假动作的诀窍。

 身体假动作(利用上半身动作迷惑对手)

大幅度晃动身体诱导对手。

球的位置不变。

向对方身体重心所在的相反方向移动。

1 脚下动作不变,大幅度晃动上半身。

2 一旦对方被诱导,就迅速向反方向移动

 马修斯假动作(利用脚部动作迷惑对手)

迈步脚不要跨过足球本身。

1 左脚做出向左侧大幅踏步的动作,让对手误以为自己要向左侧移动。

2 待对方以为自己向左侧移动,再用右脚脚外侧踢球迅速将球向右侧推出。

3 提速甩开对手。

急停假动作（利用盘带时的速度变化避开对手）

仔细观察对手的动向。

贴近

！

对手一旦停下，就很难立即起步。

用触球脚的脚掌或正脚背脚尖将球踢出。

1 通过快速盘带，拉开与对手的距离。

2 脚掌触球，降低球速。

3 待对手停下，再次迅速触球将球踢出，甩开对手。

 剪刀脚假动作（绕球假动作）

好好观察对手。

重心放低。

踏在球的水平侧面。

大幅跨步。

膝盖弯曲，脚就能敏捷地做出腿部动作。

1 仔细辨别对手的身体重心方向，支撑脚踏于球的水平侧面。

2 另一只脚以从内向外画圆的姿势，迈向足球的前方。两脚交替重复动作。

3 待对手跟随自己的动作做出反应，就将跨出脚踏地踩实，另一只脚用脚外侧将球推出，横向绕开对手。

防守时，要怎样盘带才能不丢球？

Answer

要将对手挡在身后，将球护在身前来防止丢球。

将身体插在球与对手之间，把球放在离对手最远的地方进行操控。像这样保住球防止丢球的技巧就叫作"身体护球"。但请牢记，我们护球的最终目的并不是为了保住球，而是为了接近球门。

身体护球的姿势

1 侧身挡在对手与球之间。

2 在我们用肩膀和手臂推压对手时，不仅可以拦住对手，还可以通过发力感受到对手的运动方向。

3 对手来抢球时，我们需要一边用身体压制对手，一边让球远离对手方向。

4 迅速转身，将身体挡在对手与球之间。

5 转向后抬头，把握周围情况。

易错要点！

如果球的位置离对手太近，就会被对手抢走哦。

Question

作为防守方，该如何拦截进攻方的盘带呢？

Answer

应当仔细观察对手，灵活采取对策！

在足球比赛中，对手和自己面对面的情况被称为"1对1"。1对1的胜利对进攻方和防守方都十分重要。在防守时，最糟的情况就是对手过掉自己后，朝球门方向前进了。让我们运用基本功，灵活应对对手的行动吧。

重心放低，抬头。

单脚向前迈出，保持侧身姿势。

防守的基本姿势

放低重心，保持侧身姿势，仔细观察对手的进攻动向。

两脚分开，与肩同宽。

防守动作

在防守时，身体要尽量靠近持球者，阻拦对手向前。同时拦住对手的传球路线，一点点缩短与对手之间的距离，向对手施加压力。

身体靠近对手。

拦住对手的传球路线。

易错要点！

面对持球的对手，不要盲目地冲上去。因为自己一旦被对手过掉，就会使我方队伍陷入危机。因此，与对手保持相对的距离，仔细观察对手的下一步动作吧。

如何提高盘带技术？

多触球，找到属于自己的带球节奏。

多触球才能提高盘带技术。下面将介绍几种有助于我们提升球感、提高控球能力的游戏。来练练吧！

来练练吧！

⚽ "影子"盘带

1

2

3

练习方法 两人一组，各持一球，前后站立。

前方的人进行盘带，试着甩掉后方的人。

后方的人模仿前方的人进行盘带，试着追上前方的人。

⚽ "盘带抓人"

练习方法

根据人数在地面画出合适大小的圈（若人数为 5，则圆圈直径约为 10 米）。大家在圈里自由盘带的同时，需要用手触摸其他人的后背。摸到 1 次得 1 分，限时 5 分钟的游戏里，比比谁的得分多吧。

如何提高跑步速度呢？

～足球跑步与田径跑步的区别～

跑步速度快是足球选手的强力武器。但是，"跑得快"是天生的吗？
有什么方法和技巧可以帮助我们提高跑步速度呢？

⚽ 与田径中的 100 米跑不同

提到跑步速度快，我们可能会联想到田径中的 100 米。但在足球比赛中，我们不需要一口气直线冲刺 100 米的距离。虽然百米跑的速度快可以锦上添花，但仅凭百米跑的速度并不能让我们在足球比赛中占据优势。在足球领域，我们需要不同于田径百米跑的"奔跑"方式。

⚽ 提高瞬间爆发力吧！

短时间内迅速运动身体的能力被称为"瞬间爆发力"。足球与田径不同，很多时候比拼的是 5 ～ 10 米范围内的冲刺能力，以及比对手快一步的反应能力。因此，足球比赛中，瞬间爆发力非常重要。而胜利的第一步，由起跑决定。想要迅速起跑，就需要将身体姿态放低。让我们牢记田径短跑中低姿态起跑的技巧，并进行反复练习吧。

⚽ 提高判断力吧！

跑得快的另一个关键是"判断力"。要有能力去判断：从哪里开始，怎么跑才会有优势。如果能够迅速决定冲刺路线，就能比对手提前一两步起跑，从而在比赛中赢得有利局面。我们可以在进行小游戏时设定一些目标，以此提高判断力。例如，2 次触球内完成传球，接球后 3 秒内传球，等等。

第5章

射门吧！

咚

过得漂亮！！

边路！边路！

再往前些！

你嘴上这么说，但从刚刚开始不是一次都没着落吗？我是王牌，你倒是传球给我呀！

因为……我觉得好像可以射门嘛。

小豪！你怎么不传球啊！刚才我这里不是没人盯防吗？

新成员入队，对队伍来说是很好的催化剂。

小仁和小宏加入我们，球队焕然一新了啊。

到时候就根据射门练习的结果来决定站位吧。

对了，现在还没正式决定队伍的站位呢！马上会进行射门练习。

我才是王牌！

你说什么？！我才该是王牌吧！

唉，他们又开始了……

所有人都要参加射门练习。

我踢后卫。

我踢中场就行了。

我也是！

我！我！我一定要踢前锋！

传球后马上准备下一个动作，"二过一"后射门。

你们一个人的时候也能踢静止的球练习射门，所以我们现在来踢运动中的球练习射门。

到！

中村！

好的。

千绘，拜托你当守门员了。

射门时太过犹豫，守门员就会冲出来，封锁你的射门路线哦。

啊！

啊……我应该瞄准哪里射门啊？

她对守门员这个职位可是非常自豪的。

继续继续！！

好厉害！千绘全都拦下来了。

毕竟千绘从进队开始就一直在专心当守门员嘛。

百合！

到！

但是，我也是一直都在和千绘1对1练习的！！

假动作？！

!!

可恶，我也要试试！

踢得漂亮！

哎，果然还是比不过百合你啊。

怎么样，千绘？

啊，射门路线已经被封死了！

小豪！

到！

可恶！一次都没进！！！

再来一球！

刚刚那次不算。

好嘞，出界！

再来一球！

再来一球！

再来一球！

可恶——

你就老老实实地把球传给我就好。

这下你承认了吧，我才是骄阳队的王牌！

我被百合小看了，太不甘心了……

这是怎么了，突然？

哥哥，你教我射门吧！！

这才是团队精神吧。

唉……传给百合就能赢得比分的话，你传给她不就好了。

你这样……还想继续踢球吗？

我想自己得分啊，凭我自己！！

我……不适合踢足球了……

足球是靠整支队伍配合才能取胜的运动。

啊？

不能为队友得分而高兴的人，不适合踢足球。

你别踢了。

我传。

嗯。

那你就好好给百合传球。

可我没法不踢足球。因为我喜欢踢足球！

知道了，知道了。来练习射门吧。

但是，我也不想在和守门员1对1的时候败下阵来啊！！

先来练习用脚内侧踢球瞄准球门吧。

即使是职业选手，也很难在和守门员1对1时赢球。对方是优秀的守门员就更是如此了。

把"和守门员一决胜负"放在最后。

把"和守门员一决胜负"放在最后。

然后，再来学习在运动中将球射入球门的技巧。

好的！

现在我来当守门员，我站在正中间，你瞄准左右两边射门。

记得在触球两次之内射门。

咚

把支撑脚朝向你准备射门的方向！

抬头，膝盖放松，屈膝！

仔细看球，用脚内侧瞄准射门！

球不一定要贴地，也可以踢高飞球！

啊！

刺溜

对，手臂保持平衡！

想踢出强有力的一脚就用正脚背！

第二天

真是不长教训啊。

小豪说他今天也要练习射门。

上吧，千绘，全力拦住他！不用放水哟。

教练，那我上了？

请多指教！

小豪这小子，看着挺有信心啊。估计是和他哥哥苦练过了……

砰

咚

OK！

那个，小豪……

啊——究竟是为什么啊？

千绘还真是一点不放水啊！

好强——

哎呀，虽然小豪的射门路线也不错，但还是被完美防守住了啊。

可以吗？！

……要我把从千绘那里赢球的诀窍告诉你吗？

因为，我还没法用正脚背踢法把球踢到我想瞄准的地方。

射门不够有力可对付不了千绘啊。

你刚刚只用脚内侧踢法射门，为什么不用正脚背踢法全力射门呢？

114

啊
哇
啊 啊
啊 啊
啊

队友真好啊,踢球真好啊……

就算不是自己进的球,大家也都在为我的进球而开心啊!

太好啦,进球啦!

球进啦!

好厉害!

太好了,小豪!

嘿

你平时都是这么进球的?

因为在运动中全力踢球,球很难飞到瞄准的地方去。所以我就让他瞄准守门员,这样偏一点不就正好了。

就这样?

我让他瞄准守门员,全力射门。

百合,你给了小豪什么建议啊?

解说

射门与防守

足球比赛的目标是赢得比分,如果不能得分就无法赢得比赛。

为了赢得比分,让我们一起来学习射门和防守技巧吧。

 Question

射门有多重要?

 Answer

射门是足球中能够进球得分的最重要的一项技巧。

想要保证射门得分,需要从远离守门员的位置射门。仔细观察守门员的位置后再瞄准球门射门吧。一般来说,踢球射门和头球射门是最为常见的两种射门方式,但实际上我们可以使用除手臂和双手外的任何身体部位进行射门。足球比赛的最终目标是为了进球得分,因此当有机会时,我们应该立即瞄准球门,不断尝试射门。

8 人制足球的球门规格

5米(11人制中通常为7.32米)

球门横梁

球门柱

2.15米(11人制中通常为2.44米)

球门线

足球没有完全超过球门线,就不能算作得分。停在球门线上,也不算作得分。

得分

不得分

如果没射进球门可是不得分的!

Question

射门时的要点是什么？

Answer

要点在于踢球前看守门员，踢球时看球。

如果球径直朝守门员飞去的话，无论多么强力快速地射门，都很难得分。在进行射门之前，我们首先要观察和确认守门员的位置，然后瞄准守门员身外进行射门。为了让球朝着预期的进球路线飞去，我们需要仔细看球、精准踢球。此外，在射门时保持冷静和镇定也非常重要。让我们先从练习使用惯用脚射门开始，然后努力练习，使另一只脚也能精准射门吧。

 瞄准射门的诀窍

> 眼睛追踪球的方向，以备球未进时上去补一脚。

1 仔细看球。

2 支撑脚踩实。

3 仔细盯住球，踢向球的中心位置。

4 全力踢出。射门后，继续追踪球的去向。

 易错要点！

不看球

如果在射门时没有仔细看球，就无法精准踢球，最终不能按照自己预想的那样进球了。

不看周围

只盯着球看也是不行的。我们也需要时刻观察四周确认情况。如果在被对手包围，处于不利的局面时，即便我们射门也会被对手拦截。此外，不观察周围的情况，也会看不见前来支援的队友哦。

※ 箭头怎么看？ 代表腿部或身体的动作。　 代表球的运动方向。

Question

射门时，应该用哪种踢法呢？

Answer

用最顺脚的踢法射门吧。

让我们好好思考，怎么样的射门更容易得分吧。无论多么强力地射门，没射进球门都是不能得分的，所以我们要向球门传球一样瞄准射门！

 ## 正脚背踢法强力射门

在最后出脚前都要仔细看球。

目光追随球的去向。

1 仔细看球，踩实支撑脚。

2 用脚背踢球的中心位置。

3 出脚，将球踢出。

 ## 脚内侧踢法瞄准射门

在最后出脚前都要仔细看球。

支撑脚的脚尖朝向计划进球的方向。

目光追随球的去向。

1 仔细看球，支撑脚稳住。

2 用脚内侧踢球的中心位置，将球踢出。

3 抬腿出脚，盯住球的去向。

Question

射门时需要注意什么？

Answer

需要注意观察周围，迅速作出判断。

比起球静止状态下的射门，更多时候，我们需要在接到队友的传球后，踢向运动中的球进行射门。因此，我们需要根据周围形势，迅速做出判断，采取行动。

 接球后如何衔接射门

将周围的情况刻在脑海里。

确认球门位置。

1 在接到队友传球前，先确认对手和球门的位置。

支撑脚对着球传来的方向。

2 停球的同时，将身体转向球门方向。

3 给球以缓冲作用，同时将球盘带到方便射门的位置，将身体转向球门正面。

4 在射门时，确保支撑脚稳稳地踏在球的水平侧面，并采用能够使球准确飞向预期路径的踢法！

易错要点！

专注于踢球固然重要，但一定别忘记确认守门员的位置。全力射门时，瞄准守门员身后的空当再进行射门也同样重要。

如何进行盘带射门呢？

首先，试着想象射门前的动作流程吧。

在进行盘带射门时，我们首先需要接住队友传来的球并停住球，然后再进行盘带并射门。盘带射门的关键在于运用出色的控球技巧，并在脑海中预想出最佳的射门位置。

 接球后盘带射门

1 将传来的球停住。

射门位置

2 想象射门的位置，进行盘带。

在射门后，确认球的行进方向。

3 仔细观察守门员的位置，射门！

 与守门员 1 对 1 情况下的射门

1 确认球门位置，盘带以靠近守门员。

2 观察守门员的动向，用假动作诱导对方。

3 避开守门员后，移动至对方触及不到的位置，踢球射门！

Question

怎样的射门练习方法更有助于比赛呢？

Answer

先从"射门打靶"游戏练起吧！

比赛中的射门机会是有限的，因此我们不能浪费任何一次射门机会。即使是在练习中，我们也应想象自己正处于正式比赛中。让我们有意识地正确运用足球技法，认真刻苦地练习吧。

来练练吧！

⚽ **"射门打靶"游戏**

以球门（或墙壁）为靶子，来进行射门练习吧。

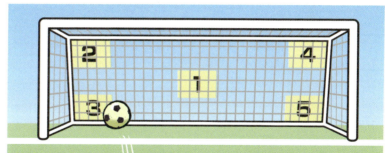

练习方法

在球门（或墙壁）的四角与正中位置贴上写有数字的靶子，瞄准数字进行射门练习吧。射中瞄准难度大的四角位置的靶子多得分，射中正中位置的靶子少得分，未能射中靶子不得分。

我们也可以设定多种规则，如限制射门踢法、调整射门角度或射门距离等，让练习更有乐趣。

⚽ 自由射门

尽情地射门吧。

练习方法

从球门侧面将足球抛给射门球员。
开始练习时,射门球员可以先停球
一次再进行射门。

如果停球射门已经掌握,可以再尝
试不停球直接射门。

通过变换投球速度、使球触地回弹
等加强练习,努力掌握在各种情况
下都能进行射门的能力吧。

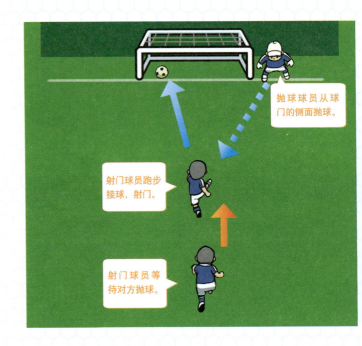

抛球球员从球门的侧面抛球。

射门球员跑步接球,射门。

射门球员等待对方抛球。

⚽ 穿裆射门

使足球从守门员的两脚间穿
过,再进行射门。

练习方法

射门球员与守门员隔开 3 ~ 4 米
距离,守门员背对球门,双脚分开。

射门球员通过盘带接近守门员,
轻踢足球让球从守门员的两脚之
间穿过。

射门球员追上踢出的球,射门。

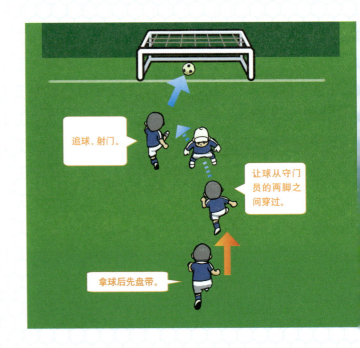

追球,射门。

让球从守门员的两脚之间穿过。

拿球后先盘带。

对手射门如何防守呢？

我们可以防住足球与球门之间的连接线。

 防守时的站位

防守的目标是阻止对手得分。因此，在进行防守时，我们需要有意识地站在连接对手脚下球和球门的连接线上。这样的话，我们能够有效防守对手的盘带路线，从而避免对手接近球门或射门。此外，我们也可以拖延对方的进攻来等待我方队友的支援，这也是防守的重要目标之一。

站在球与球门之间的连接线上。

 防守时的动作

●限制对手的前进方向 　●防住对方的惯用脚

易错要点！

通过限制对手的前进方向，不让对手接近球门，并将对手逼到场地边缘。

站在对手的惯用脚的前方，限制对手，使其无法利用惯用脚进行射门。

如果我们主动去抢对手的球，有可能被对手躲开，或者给了对手传球的机会。

如何才能有效练习射门与拦截射门？

 Answer

可以进行1对1练习。

1对1是一种效果明显的练习方式，在1对1中，射门球员需要努力摆脱对手，而防守球员则需要努力从对手脚下夺球。1对1的能力越强，就越能感受到踢球的乐趣，练习的同时也会找到更多盘带与假动作的灵感。

来练练吧！

😊 "各司其职" 1对1

摆脱防守球员进行射门吧。

练习方法

进攻球员与防守球员在球门前面对面站好（防守球员背对球门），其他队员从球门的侧面将球传给进攻球员，然后进行1对1比赛。
防守球员需要拦在进攻球员与球门之间，尽可能让进攻球员远离球门。抢到进攻球员的球为胜。进攻球员则需要在躲避防守球员干扰的同时，进球得分以取得胜利。

防守球员

射门球员

⚽ "越过终点线" 1对1

进攻球员需要躲避防守球员，穿过终点线。

练习方法

用路障围出四方形区域，将左右边界线设作两方终点线，率先盘带通过己方终点线者获胜。进攻球员在保证球不被抢断的同时，盘带越过己方终点线。而防守球员则要将球抢走，并通过盘带越过设在另一侧的己方终点线。先越过己方终点线的获胜。

终点线

防守球员

终点线

进攻球员

盘带越过终点线就能获胜。

Question

守门员的基本要求是什么样的？

Answer

放松站立，始终看球是守门员的基本要求。

守门员的基本要求是身体放松，以便能应对各个方向的来球。同时，目光始终紧跟足球与对方球员。

 守门员的基本姿势

重心微微前倾。

头部不要晃动，目光始终追随足球。

身体放松站立，以便能迅速做出反应。

膝盖微微弯曲。

双脚分开，与肩同宽。

易错要点！

双脚分开的幅度过大

如果守门员双脚分开的幅度过大，迎球的反应速度就会变慢，也更容易被对手利用双脚间的空隙射门从而造成失球。

身体重心靠后

如果守门员在防守时保持重心靠后的姿势，就会容易向后跌倒。这样即使是成功弹开了射门，也可能在起身的过程中被对手得分。

守门员应该如何拦球?

Answer

守门员应该尽量用身体正面拦球。

无论处于何种情况下,守门员都应该用正面面对持球对手。在用手拦截球时,应该将球拦在身体前面,这样即使球打滑溜走,也能用身体继续进行防守。

当抓球时,守门员的两只手的大拇指和食指应该组成一个三角形,抓住球的后部位置。

在正面拦球时,即使没能成功抓住球,守门员仍可以用身体的其他部位拦球以防止对手得分。

易错要点!

拦球时,如果双手从左右两侧抓球,就很容易打滑让球溜走。

球的高度不同,拦截方法也不同

如何找到拦球位置

● 拦截低球时

● 拦截高球时

在拦截低球时,守门员应当移动到球的行进路线上,两腿前后分开,用身体正面,而不是仅仅依靠双手接球。

在拦截高球时,守门员应该用单脚踩地起跳,并用双手抓住足球。

守门员需要移动到球门与足球的连接线上拦球,以封锁对手的射门路线。

和家人一起！
中场休息
HALF TIME

为什么我在训练中可以做到，在比赛时却做不到呢？

第5章

射门吧！

~比赛与训练的心态差异~

"我在训练时踢得挺好的，一到比赛就发挥不出实力了。"这是因为什么呢？
如果问题的根源在于心态，又该如何解决呢？

🔵 因为害怕失误，所以踢不好比赛吗？

　　在训练中可以做到的事，在比赛里却做不到了，这是为什么呢？为什么我们在训练中与比赛中的表现截然不同呢？答案或许就在于，我们太担心会失误了。

　　进行训练的目的，是为了在比赛中减少失误，训练成果与比赛表现是息息相关的。所以，为了能踢得更有自信，在日常训练时就要想象自己是在正式比赛吧。

🔵 足球是一项常常伴随着失误的运动

　　保持自信可以让我们不再害怕比赛中的失误。比如，我们在练习中定下了"用脚内侧踢法连续射门5次"的目标，那当我们达成目标、积攒了成功经验时，同时也建立起了树立起信心。

　　然而，足球是一项常常伴随着失误的运动。即使是那些非常出名的足球运动员，在比赛中也都会失误。即便自己失误了，也还有队友可以相互补救。而队友有失误时也不要苛责。不害怕失败，相信自己的判断，这样才能享受足球的乐趣，也能发挥出自己最佳的水平。

第6章

学习头球吧!

○月×日
○×市××公园操场

地球
我们的

严禁横穿

咦,是哪支队伍呀?

劲头不错嘛。我给你们请来了比赛前最后一轮的训练对手哦。

我们一起干掉蓝色闪电!

还有一周就要比赛了!

今天我请来了已经从骄阳队毕业的前辈们,让他们来给你们当训练赛对手。因为这次大赛五六年级的学生也会出场,你们就以初中生为对手,找找和体格较大的对手踢比赛的感觉吧。

哥哥!

是我们。

7名毕业生对8名小学生正式队员。2个半场，每场15分钟。

噢——！！

好——我们这边多一个人！！我们就尽可能多传球让他们手忙脚乱！

哥哥, 太厉害了!

只用一次头球就突破了守门员的防守......

进球了!!

好耶——!

棒——

用头球。

毕竟对手是你们, 我们当然会用身高做武器啊。

别用头球了!

可恶, 用脚踢啊!

啪

砰

砰

!

上半场结束！

哔哔——

现任队员		毕业生
0	1st	4
	2nd	
	Total	

是啊，是对面不好，他们都太高了啊。

千绘，你别哭……

呜呜！

比对手抢先一步赶往球的下落地点就可以了。

做好定位。

教练，要怎么才能防守住高个子对手的头球呢？！

好——！我们不会再让他们得分了！！

这样一来，再怎么高的球员都没法自如地头球射门了。

当——

好，我先跑去下落地点！！

砰——

刚刚那是正常的头球身体对抗，不算犯规。

教练！

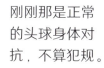

辛苦了，谢谢你们啊。

拜拜啦小豪，下周比赛加油啊。

哔

哔

现任队员		毕业生
0	1st	4
0	2nd	3
0	Total	7

消沉

也为了让你们知道头球的威力啊。

我是为了让你们在正式比赛时，即使面对大体格的对手，也不会露怯。

那是为什么啊！

唉……我组这场比赛，可不是为了在大赛前打击你们自信的。

而且啊，即使个子不高，也是可以抢到头球的机会的。

只要使用得当，头球也是能够突破对方球门的强大武器。

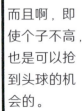

136

俯身用反作用力使出头球。

好好看着球！不要闭眼睛！！

不能只转动脖子。

转动上半身，利用头球改变球的方向！

用发际线下方位置接球！用额头用力顶球！

利用球的反弹，让守门员来不及做出反应！

将球顶向地面是头球射门的基本。

收下巴，眼睛始终盯着球！

脖子不动，倾斜上身的同时跳起！

咚 咚 咚 ！ 咚 ！ 咚 咚

在练习头球呢，我以前也这么练过。

阿健，小豪那是在做什么？

9月 20 周五　9月 19 周四　9月 18 周三　9月 17 周二

咦，那是什么？

小豪，要不要我把我珍藏的"头球秘技"传授给你啊？

钹钹

○×市少年足球大会

大赛当天——

啊——

你们看见了吗，我们第一轮的对手？他们也太高了吧。

奋斗俱乐部	第五小学
众望之花	日出骄阳
蓝色闪电	格林威尔
迦雷俱乐部	山手葡萄

如果没在预选赛里晋级，就没法和蓝色闪电比赛了啊……

你干吗！

哈哈，你们队里尽是些小矮子啊。

哇——哇

第五小学 0 1st 日出骄阳 0
2nd

SUN SHINE

8

当

咕拍

139

百合！

咻

百合，往球门传！

好！

砰

头球的秘诀就在于起跳时机和……

解说

不同种类的头球

在足球这项运动里，球员们会用下肢完成80%~90%的技法。

但应对处在空中的球，多数情况下，球员们会用到头球。

一起来学习站立式头球、跨步式头球和跳跃式头球的技巧，积极迎接挑战吧。

Question

用头球会痛吗？

Answer

找准正确的位置就不会痛。

触球点

让我们一起来学习用头部的哪个部位击球更好吧。答案就是位于发际线略微往下、额头坚硬的部位，我们称之为"触球点"。这个位置可能因人而异，所以一边练习一边寻找适合自己的"触球点"吧。

头球的基本姿势

踢球讲究看好了再踢，头球时更是如此。如果没有充分观察球的轨迹，就有可能被砸到脸或砸到头，留下痛苦的回忆。

在进行头球时，首先要预测足球的落点，并迅速移动到那个位置。好好看球，用触球点来接球。在触球时，上半身像弹簧一样将球顶起，就能顶出威力十足的头球哦。

仔细看球。

上半身发力将球顶出。

移动到球的下落位置。

鼓起勇气，顶出头球吧！

Question

怎样练习才能掌握好的头球时机呢?

Answer

我们可以将球抛至头顶后接球来进行练习。

练习头球时，把握球与头之间的位置关系非常重要。我们可以在使用头部触球之前，先进行手部接球的练习。在练习过程中，要始终专注地盯住球。

1 将球抛至自己的头顶。

移动至球的下落位置。

2 迅速移动到球的下落位置。

在额头触球之前抓住球。

3 仔细看球，在球即将接触额头的瞬间,用手接住球。

在跳起的最高点抓住球。

4 熟练后再尝试跳跃接球吧。

易错要点！

如果误判球的下落位置，在接球时就会不得不前倾或后仰身体，这样就无法施展出强有力的头球了。

※ 箭头怎么看? 代表腿部或身体的动作。  代表球的运动方向。

143

站立式头球的要点是什么？

根据球飞来的路径调整身体位置。

双脚站立顶出头球，就是站立式头球。站立式头球可以用于传空中球，或用于解围。

用手臂保持身体平衡。

1 看好球的飞行路径，移动至球的下落位置。收下巴，上身向后倾斜，做好接球准备。

2 让倾斜的上身回到原来位置，凭借惯性，用额头强力击球。

不是仅凭头部，而是利用上肢力量将球推出。

3 顺势弓起上半身，使头球更加有力。

 如何改变球的方向

当我们通过头球来改变球的运动方向时，仅仅甩动头部无法产生强有力的头球效果。使用触球点击球时，应该将上半身转向希望球飞向的方向。

收下巴。

双膝微微弯曲。

1 预测球的下落位置，倾斜上身准备迎球。

用手臂保持身体平衡。

2 上身往回收，借势用额头强力击球。

两膝发力，让球更加有力。

3 上半身顺势转向想让球飞去的方向。

Question

跨步式头球的要点是什么？

Answer

利用身体和手臂的动作，让头球更加强力。

跨步式头球是指向前迈出左脚或右脚后再进行头球的技巧。在跨步式头球中，球员可以凭借单脚踏地的力量顶出强有力的头球。在比赛中，球员们最常使用的头球技巧之一就是跨步式头球，它经常被用于射门、传球和解围。

单脚向前跨步。

1 移动至足球的下落位置，收下巴，上半身向后倾斜做好迎球准备。

双臂保持平衡。

2 两臂张开，保持身体平衡，用额头的触球点强力顶球。

头部动作方向

手臂动作方向

手臂向后拉，增加反作用力。

3 上身往回收，借势用额头将球顶出。手臂向后拉，增加反作用力。

手臂动作方向。

如果不收住下巴，就无法把全身的力量集中在球上。

身体动作方向。

4 上半身顺势向前，用力将球顶出。

⚽ 易错要点！

如果在进行头球时没有专注地观察球要飞向的方向，就无法顶出强有力的头球。此外，如果不用触球点来触球，就无法控制球的转向哦。

Question

Q 跳跃式头球的要点是什么？

Answer

A 起跳的时机以及在空中保持平衡。

跳跃后再进行头球被称为跳跃式头球。起跳后，我们需要注意利用双臂来保持在空中的平衡。即使是体形较小的球员，也能够通过掌握跳跃式头球的起跳时机，来在与对手的竞争中赢得优势与胜利。

仔细看球。

双臂向前。

上半身向后倾。

1 预测球的下落轨迹，移动至球的下落位置。

2 跃起至自己能达到的最高点顶出头球，起跳后上半身向后倾斜。

手臂向后，增加反作用力。

收下巴，上半身发力将球顶出。

易错要点！

如果预测错了球的落点，只能采用不合理的姿势强行进行头球，那么球就无法按照我们预期的方向飞行了。

3 仔细看球，用触球点顶球。

4 上身往回收，借势用额头强力击球。

146

Question

Q 我该进行什么样的头球练习呢？

Answer

A 先来练习用触球点接球吧。

无论是哪种类型的头球，我们都需要使用触球点接球。在练习时不要害怕，要仔细观察球的轨迹，试着把握触球点触球的感觉吧。

来练练吧！

● **悬挂球练习**（单人练习）

练习方法

将球装进网兜，挂在空中进行练习。由于球被悬挂在空中，在我们使用头球后，球就会自行摆荡。因此，即使是独自一人，我们也可以通过这种方法对运动中的球进行头球练习。

● **头球游戏**（双人练习）

● **顶球练习**（单人练习）

练习方法

将足球放在触球点位置，活动头部保持平衡，让球不要落地。定下目标，试着坚持20秒吧！

1

练习方法

两人面对面，相距约2米。在两人的左右两侧各放置两个路障作为标志。两人双膝着地，呈跪立姿势，将球抛向自己头顶正上方，并用头球将球传递给对方。

2

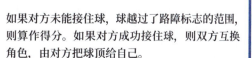

如果对方未能接住球，球越过了路障标志的范围，则算作得分。如果对方成功接住球，则双方互换角色，由对方把球顶给自己。

想要养成强健的体魄，就必须锻炼肌肉吗？

～足球所必需的体力基础①～

对于小学生而言，更重要的是通过多样化的运动体验，提升身体掌握平衡等方面的能力。与其进行艰苦且严格的训练，不如让我们像玩游戏一样，在享受运动乐趣的同时不断取得进步吧。

🔵 俯卧撑游戏

※ 为防止受伤，请在草坪或人工草坪上进行游戏哦。

俯卧撑对抗

1

2

两人一组，面对面进行俯卧撑。保持俯卧撑姿势并推动对方的手，先失去平衡、身体着地的一方输。

俯卧撑猜拳

两人一组，面对面进行俯卧撑。保持俯卧撑姿势猜拳，先失去平衡、身体着地的一方输。

俯卧撑传球

1 两人一组，面对面进行俯卧撑。一人右手持球。

2 持球者将自己手中的球抛向对方右手，接球者也同样用右手再将球抛回。每完成一组传球后，双方一同交替左右手并继续练习。试试看一分钟内两人能传多少个来回吧。

● 锻炼平衡感

让我们通过走路、对抗、平板支撑等，锻炼平衡感，提升足球水平吧！

脚尖行走
脚跟行走

> 重心不要往后。

> 脚趾舒展张开。

用脚尖或脚跟行走来比赛吧。在保持住平衡、走直线的状态下，行走距离最远的人获胜。

蹲式对抗

两人一组，面对面下蹲，十指交叉相扣。两人互相推或拉对方，身体先着地的一方输。

平板支撑
（1组 15 秒）

两肘与两脚脚尖着地，身体与地面平行并保持平衡。在熟练之后，尝试抬起一只脚并保持平衡。

侧平板支撑
（1组 15 秒）

侧身，用手肘和脚部支撑身体。头部到臀部绷直，臀部不要着地并保持身体平衡。

⚽ 日常运动也能达到锻炼效果

生活中我们习以为常的动作，稍加改造也可以变成训练动作。例如，我们可以尝试向后跳跃，或者一边摆动双手一边跳跃，等等。除了足球训练，我们还可以挑战各种各样的运动来尽情地活动身体。

比赛吧！

	第五小学	日出骄阳	格林威尔
第五小学		× 1-2	○ 1-0
日出骄阳	○ 2-1		○ 2-0
格林威尔	× 0-1	× 0-2	
蓝色闪电	○	○	×

日出骄阳3-1山手葡萄

日出骄阳2-0格林威尔

你……你怎么在这！

你说让谁乖乖认输呢？

小仁、小宏，我们要把将你们俩赶出队的蓝色闪电踢得落花流水，让他们乖乖认输！

太好了！

太好了——首次预选赛晋级了！终于下一场就要和蓝色闪电一决高低了。

蓝色闪电

日出骄阳

山海俱乐部

你什么意思？

怎么连你们也能从预赛里晋级啊？这大赛也太没水平了吧。

蓝色闪电队的小光！

我们大家一定要踢赢他啊！

可恶——

不过我们的预选赛都是B队替补球员踢完的，我也差不多想上场了，就来陪你们练练吧。

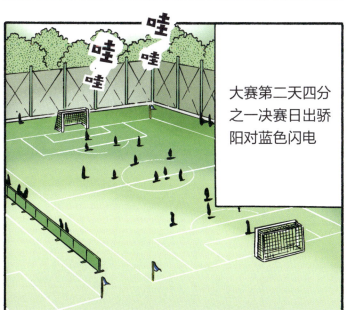

大赛第二天四分之一决赛日出骄阳对蓝色闪电

好！

比赛时拿出自信！

当 哔 哔

好嘞，虽说是练习赛，但蓝色闪电也是我们赢过一次的对手了。

DORADORA

砰 砰 砰 砰

传球速度太快了吧！

这就是蓝色闪电真正的实力吗？

上！

BLUE
7
7

振作振作，我们目前只丢了1分！

天哪……居然从那么远的距离……

就凭你拦得住我的假动作吗？

153

上半场结束——

不行啊，我们根本踢不过他们……

但是……

别气馁，你们像平时一样去踢就好。

蓝色闪电		日
2	1st	
	2nd	
	Total	

154

比赛结果无关紧要，重要的是去享受踢球！

这就对了，踢足球是开心的事！

不是的……

足球很无聊吗？

……

小豪，你平时都是带着这副表情去踢球的吗？

哈哈哈哈哈

就是这样，大家也笑出来。

那就笑啊！就和平时一样，就算强迫自己也要笑出来。

呵呵——呵

就交给我来把你们的精神劲儿全部击垮！！

呵，还以为你们已经丧到不行了呢，这不是挺精神的吗。

嗯！

155

156

嘿嘿嘿，我只有迫不得已时才会瞄准守门员全力射门啦。

哇！啊啊

太厉害了——面对守门员居然能穿裆射门！百合居然也会这样射门啊——！！

可恶，看我再进一球！

因为……我也没想到小光你竟然会传球失误！

后卫在搞什么！！为什么让守门员1对1了！

哦哦哦哦哦！

传中！

砰

160

射门！

球进了——！

哇

啊

啊

啊

要是和这种队伍比赛也能输，我就让你们全都退队！

喂，你们都在干吗啊！

蓝色闪电		日西骄阳
2	1st	0
0	2nd	2
2	Total	2

再这样下去要点球决胜负了!

下半场还剩15分钟,要没时间了!

我要把我迄今为止的练习成果全部展现出来——!

不行,不能点球决胜负!

163

勇敢的『头球』！

毕竟，我还没练习过点球呢。

因为我一点儿也不想点球决胜负啊。

好有气势！

小豪最后的进球也太棒了！

干脆加入日出骄阳好了……

哼，他们那支队伍看起来比我们的好玩多了！

你是笨蛋吧？

啊哈哈哈哈

我、我也……

我也去！

要不我也加入日出骄阳吧。

『来者不拒』！

骄阳队的格言是？

……这下可难办了。

啊？！

那个，那……能再加我一个吗？

→ 蓝色闪电队教练

……哇——哇

好嘞，那接下来骄阳队就和闪电队一起练习吧！

167

解说

比赛中的站位与阵形

在足球运动中，存在着球员的职责（站位）与比赛中球员们的基本配置（阵形）这两个概念。下面将介绍不同站位的职责，不同阵形的特点及进行训练赛的方法。

 ## 各站位的职责

后卫（DF）

后卫球员承担着守护己方球门的责任。通常情况下，后卫球员需要积极为队友提供后方指导，因此他们需要具备冷静的判断力。位于左右区域的后卫球员被称为"边后卫"，而位于中间区域的后卫球员则被称为"中后卫"。边后卫需要沿边线跑动以参与配合进攻。

守门员（GK）

在一支球队中，只有守门员有权使用手部触球。但也只有在罚球区内，守门员才能用手触球。

守门员需要给出队友防守指示，手脚并用阻拦对手的进攻。守门员和其他站位的球员一样，也必须具备基本的踢球、盘带、停球等技术。

※ 此处为 11 人制足球赛站位图。
图中仅展示了以中线为界的半场场地。

Question

站位可以分为几种？

Answer

按职责来分，站位可以分为4种。

站位是指足球比赛中球员的基本位置。站位可分为"守门员（GK）"、"后卫（DF）"、"中场（MF）"与"前锋（FW）"四种，四种站位承担不同职责。

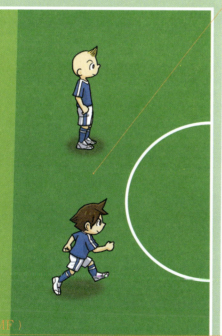

前锋（FW）

前锋在足球中也被称为"射手"，前锋的职责是射门得分。作为前锋球员，需要具备无论身处何方、无论采取何种姿势，都要积极努力地射门得分的态度。此外，还需要拥有不畏失败、勇往直前的心态。

中场（MF）

中场球员位于球场正中的位置。在进攻时，中场球员可以射门和助攻（传球以帮助己方得分）。在防守时则需要抢断对手的传球，承担攻防兼顾的责任。中场球员可以大致分为以进攻为主的进攻型中场和以防守为主的防守型中场。

无论是哪种站位，都要有为球队拼搏的精神！

足球有几种阵形？

Answer

阵形并不固定，有多少球队，就会有多少阵形。

"阵形"指的是足球比赛中球员的基本排列方式。阵形也常被用以"4-4-2"等数字形式表示。"4-4-2"中的数字从左往右依次代表后卫（DF）、中场（MF）、前锋（FW）站位的球员人数（因守门员只有一人，所以在阵形中省略不计）。有多少球队，就会有多少阵形。下面将介绍一些在 11 人足球比赛中具有代表性的阵形。

 平衡型 "4-4-2" 阵形

"4-4-2"阵形由 4 名后卫、4 名中场及 2 名前锋组成，各站位职责清晰明确。该阵形的关键在于中场 4 名球员需呈菱形列队，兼顾进攻与防守。

 强攻型 "3-4-3" 阵形

"3-4-3"阵形由 3 名后卫、4 名中场及 3 名前锋组成，进攻球员人数多。位于两侧的前锋也被称作边锋，通常情况下，边锋需要从两侧突破对手的防御，为己方得分创造机会。

进攻型"4-3-3"阵形

"4-3-3"阵形由 4 名后卫、3 名中场及 3 名前锋组成。这种阵形能凭借左右两边的边锋球员，在球场上展开大范围进攻。虽然是稳定的 4 名后卫结构，但由于中场人数较少，有时也会导致中场两侧出现空当。

 ## 中场坚实型"3-5-2"阵形

"3-5-2"阵形由 3 名后卫、5 名中场及 2 名前锋组成。包括 2 名防守型中场在内，该阵形的中场球员人数较多，因此也使防守更加稳定。

 ## 阵形需根据比赛情况而变化

尽管足球中有许多不同的阵形，但它们都只是开球时做出的基本安排。比赛过程中会出现各种情况：对方更换球员增加了前锋，己方为得分增加了进攻型球员、为不失分增加了防守型球员，或是本队球员被罚下场，等等。在此类比赛情况变化下，阵形也会随之改变。因此，我们不能过于固守阵形，而是要思考自己在球队中的职责，并根据实际情况进行比赛。

比赛中，阵形会随替换球员等情况而发生变化。

Question

Q 8 人制足球和 11 人制足球有什么区别？

Answer

A 8人制足球更注重提升个人能力。

为了提高球员的技术和相关能力，在欧洲，小学阶段的足球比赛通常采用较少人数的赛制。孩子们在 8 人制足球中所展现的个人能力，是通往 11 人制足球的基础。通常来说，8 人制足球赛主要能够提升球员以下几个方面的能力。

提升个人脚下技术

与 11 人制足球相比，8 人制足球的球员人数更少，这也意味着每个球员都有更多触球与施展技能的机会。此外，因为只要过掉 1 名球员就能带来进球机会，而被过掉就可能陷入危机，所以，在 8 人制足球中，我们也会面临更多的 1 对 1 情况。但也不要害怕失败，我们只有不断地经历这样的过程，才能取得技术进步。

只要过掉 1 人，就有进球的好机会！

提升思考能力

在 8 人制足球赛中，如果我们能在中场或是对方球门附近持球，就有可能创造进球的好机会，从而改变比赛形势。因此，我们有必要根据比赛形势选择合适的策略，例如：在机会来临时乘胜追击，在危机出现时进行严密防守等。让我们理性判断，思考如何行动才会更利于球队获胜吧。

根据比赛形势，边思考边行动。

提升发起进攻、射门得分的能力

8 人制足球赛中，由于球场场地较小，我们只需通过传球 2～3 次，就能创造射门的机会。因此，在 8 人制比赛中的射门次数，会远远超过在 11 人制比赛中的射门次数。通过积累比赛中的射门经验，我们可以培养沉着冷静与专注的能力。

不断为射门创造机会吧。

8人制比赛中也有阵形吗？

8人制比赛中也有阵形，但需根据情况进行调整。

在 8 人制比赛中，同样存在着各种阵形。但因 8 人制比赛的人数较 11 人制的更少，因此我们需要根据情况进行阵形调整。例如，让后卫也参与进攻、要求前锋等攻击型球员为后卫提供掩护等。特别是守门员一职，在 8 人制比赛中，守门员不仅需要在球门前活动，还要参与和后卫间的传球，有时守门员还需传出关乎得分的决定性长传。

⚽ 攻击型"2-3-2"阵形

"2-3-2"阵形由 2 名后卫、3 名中场及 2 名前锋组成，各站位职责清晰明确。这一阵形是进攻型球员多于防守型球员的攻击型阵形。

⚽ 平衡型"3-3-1"阵形

"3-3-1"阵形由 3 名后卫、3 名中场及 1 名前锋组成，与 11 人制赛中的"4-4-2"阵形类似。在该阵形中，中场球员需兼顾进攻与防守，运动量较大，但也因此得以维持阵形平衡，不易失分。

比赛式练习方法是什么?

进行小规模的足球赛。

小规模足球比赛是指人数少于常规赛标准的比赛，例如 3 对 3 或 5 对 5 的比赛。小规模足球赛中也会运用到盘带、传球、头球、射门等足球技巧。且因比赛人数较少，每位球员的触球机会都会增加，所以，对我们提升个人技术水平很有帮助。

来练练吧!

⚽ 3 对 3 小规模足球赛

球门　　　　　　　　　　　　　　　　　　　球门

练习方法

3 人 1 队，比赛时长 15 ～ 20 分钟。划定一处边长为 20 米左右的正方形场地，用路障搭建起双方球门。在 3 对 3 小规模足球赛中，每位球员负责的场地面积更大，因此也能提升球员的运动量。

⚽ 2 对 2 的 4 球门比赛

盘带穿过球门后，再将球稳稳停住。

练习方法

2 队各 2 人，比赛时长 15～20 分钟。在边长 20 米左右的正方形场地中，用路障设立 4 个球门。2 队各认领 2 个己方的球门，球员盘带通过己方球门后，在超出场地边缘线 2 米距离之内停住球，得 1 分。

也可以将规则制定为：无盘带过球门，只通过射门使球穿过球门得 1 分。

盘带穿过球门后，在 2 米内将球停住。

⚽ 3 球门比赛

3 队瞄准 3 球门，进行让人目不暇接的比赛。

练习方法

2 人 1 队，3 队一起进行比赛。比赛时长为 20～30 分钟。无须划定场地范围，用路障设立 3 个球门，并让它们以三角形形状分布。无论将球踢进哪个球门都得分。

当己方持球时，会处于与 2 队为敌的不利状态。因此，我们需要在被对手包围前，迅速判断要向哪个球门射门。

来练练吧！

⚽ 瞄准路障射门比赛

设立 4 个路障作为球门，在比赛中，冷静选择最易瞄准的路障进行射门吧。

练习方法

每队 3 人以上，进行时长 15 ～ 20 分钟的比赛。

设立 4 个路障，无须划定球场范围。将球射中任意一个路障得 1 分。注意，如果在射门过程中，球射中了拦球球员后反弹击中路障的情况，则双方都不得分。

⚽ 自由射门比赛

传球通过球门后被队友接下则得分。这项比赛需要我们精准控球。

传球通过球门后，被队友接下得分。

练习方法

每队 3 ～ 6 人进行比赛，比赛时长 30 分钟。

在边长 20 米的正方形场地中，用路障设立双方的球门。射门穿过球门后，被队友接下则得 1 分。从球门的前后任意一侧传球穿过球门均可。

⚽ 3 对 3 出局比赛

球员将球踢出界外则出局。失误就会让己方队伍陷入不利的对抗赛。

将球踢出界则球员出局。直到任意一队得分，出局球员方可再次上场。

练习方法 3 对 3 出局比赛是 3 对 3 小规模足球赛的延伸比赛。该比赛需要一个长约 30 米、宽约 25 米的场地。球员将球踢出界外则退场出局，直到其中一方进球后才能再次返回赛场。

⚽ 4 对 4 小规模比赛

4 对 4 小规模比赛是 3 对 3 小规模比赛的进阶比赛。由于增加了比赛人数，4 对 4 小规模比赛也会更加接近正规比赛。

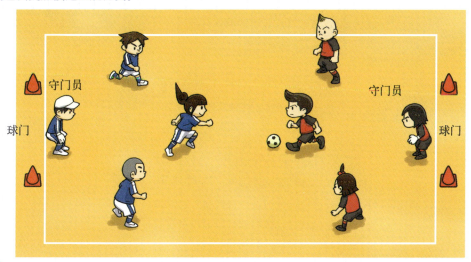

练习方法 每队增加 1 名守门员，共 4 名球员参赛。划定长约 30 米、宽约 25 米的场地进行小规模比赛。待球员熟悉比赛后，再将双方球员的人数增至 5 人、6 人。随着球员人数的不断增加，小规模赛的比赛规则也会逐渐接近正式比赛。

如何才能提升速度与力量呢？

~足球所必需的体力基础②~

接第六章的内容，下面将继续介绍能够提升足球技术的训练项目。

现在，让我们学习如何提升"速度"和"身体对抗能力"吧。

我们可以和家人朋友一起比赛，像做游戏一样训练，让训练变得更加愉快。

⚽ 提升速度吧

在比赛中，我们需要让身体运动以应对对手的行动，让我们来灵活地运用身体、提升速度吧。

踩脚游戏

2人1组，双手相握，面对面进行游戏。比赛开始后试着踩对方的脚，同时也要移动自己的脚防止被对方踩到。先踩到对方的人获胜。

*记得穿着运动鞋进行游戏。

摸膝游戏

2人1组，面对面隔开一定距离。比赛开始后试着触摸对方的膝盖，先摸到对方膝盖则获胜。禁止用手掌阻拦对方触摸哦。

步法游戏

在一条直线上将高度不一的障碍物统一间隔排开，单脚跳起跃过障碍物。熟练之后可以尝试改进游戏规则，如调整障碍物之间的间隔距离，或双脚起跳跃过障碍物等。

⚽ 提升身体对抗能力吧

在足球运动中，我们必定会遇到与人发生身体对抗的情况。通过日常训练惯身体对抗，也能对比赛有所帮助哦。让我们通过各种对抗游戏，锻炼身体力量与平衡感吧。

"顶肩式"对抗

2人1组并排站立。10秒内双方通过顶推对方的肩膀进行对抗，脚先移动的一方输。

"背对背式"对抗

2人1组背靠背站立。10秒内双方互相顶推对方的背部进行对抗，脚先移动的一方输。

"推肩式"对抗

2人1组面对面站立，将双手搭在对方的肩膀上。10秒内双方通过推拉对方的肩膀进行对抗，脚先移动的一方输。

"拉手式"对抗

2人1组握住彼此右手并在维持握手姿势下侧身。10秒内双方通过推拉对方的手进行对抗，脚先移动的一方输。

"斗鸡式"对抗

2人1组，间隔一定距离并排站立。单脚支撑状态下撞击或推动对方，双脚先落地的一方输。

基础的足球装备

虽然只要有足球,哪怕一个人也能练习。但在正式的足球比赛时,我们需要有更多的足球装备。接下来将介绍比赛中必需的足球装备。

比赛中的必备用具

● 守门员

衣着
需穿戴与其他站位球员颜色不同的队服和手套。

守门员手套
能够防止足球打滑,更易于抓球。

钉鞋
钉鞋的鞋钉有"固定式"和"可替换式"两类,对于初学者推荐使用负担较轻的固定式钉鞋。钉鞋广泛适用于泥土地、草地等多种场地。

训练时穿着的鞋子

● 普通球员

衣着
与队里其他球员一同身着队服,上衣可以为短袖或长袖。在正式比赛中,还需穿着短裤。

袜子
足球袜的长度各不相同,但为盖住护腿板,球员们在比赛中通常会穿较长的足球袜。

护腿板
为防止小腿受伤,必须穿着护腿板。

训练时穿着的鞋子

训练鞋
橡胶鞋底。根据鞋底部的橡胶可分为两类,一类用于凹凸不平的草地,一类用于平坦的室内。

适用于草地的训练鞋

必学的足球基础规则

足球是一项简单纯粹的运动，但也有必须遵守的规则。
让我们牢记规则，公平公正地比赛吧。

 场地名称

举行足球比赛的地方是足球的场地。场地的各处都有不同的名称，我们可以通过观看比赛等方式记住这些名称。

63～74米

中线
将球场一分为二，其中一半的场地被称作"半场"。

球门线
比赛时球员越过球门线分成两种情况：角球或球门球。

罚球区
在此区域内，守门员可以用手触球。己方球员若在罚球区内犯规，则由对方球员罚点球。

中圈
球员在此区域内开球。

边线
一方球员使球超出边线则比赛中断，由另一方掷界外球后比赛继续。

角球区
踢角球时，将球置于这一区域。

51米

※图中场地面积为8人制足球赛场面积

 如何进行比赛

在 8 人制比赛中，比赛分成时长 15～20 分钟的上下两个半场，或时常为 12 分钟三个半场，半场之间有中场休息。而在 11 人制比赛中，比赛则分为上下两个半场举行，每个半场 45 分钟。中场休息时，两队交换场地。比赛结束时若两队比分相同，可以平局结束比赛，或通过加时赛或点球大战来决定胜负。

加时赛
在短时间内进行上下半场比赛，以得分定胜负。

点球大战
两队各派 3 名球员（11 人制为 5 名球员），交替进行点球。根据点球的进球数决定胜负。如果 3 人（或 5 人）得分相同，则比赛继续，直至分出胜负为止。

球出界时如何继续比赛

当球完全越过边线或球门线，全部位于场外时，则为出界球（比赛暂停）。但如果球的一部分仍在线上，将被判为界内球（比赛继续）。

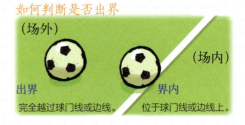

如何判断是否出界

（场外）

（场内）

出界
完全越过球门线或边线。

界内
位于球门线或边线上。

 ### 边线出界时，需通过"掷界外球"重开比赛

如果一方让球越过边线出了场地，另一方就可以用手将球扔回场内。这个动作被叫作掷界外球。在足球赛中，有很多掷界外球的机会，因此我们要学会掷出方便队友控球的界外球。

球置于脑后。

双脚无须并拢，但脚部须着地。

1 上扬双臂，让球过头顶。

2 使球越过头顶，手臂向前挥动并将球抛出。

3 仔细注视抛出的球。注意双脚不要越过边线。

易错要点！

如果双脚踩到边线、越过边线、向与身体朝向不同的方向投球或双脚离开地面投球，都会被判定为犯规，交由对方掷界外球。

 ### 球出球门线时如何继续比赛

角球

在对方半场，最终由对方球员触球导致球出球门线，则由己方队员踢角球继续。球员需在角球区踢球。

球门球

在对方半场，最终由己方球员触球导致球出球门线，则由对方踢球门球重开。

比赛公平与比赛犯规

在足球赛中，如果违反比赛规则，就被判犯规。犯规时比赛暂停，对方球队获得任意球。对于恶意犯规的球员，主裁判会出示黄牌进行警告。如果同一球员在同一场比赛中被出示两张黄牌，就会被判红牌罚下场。对于严重犯规的球员，主裁判会直接出示红牌将其罚下场。犯规会给球队造成麻烦，给对手带来机会。让我们始终保持公平竞争的精神，正大光明地进行比赛吧。

 犯规动作 在出现这些犯规时，裁判会判给对方球队任意球机会（详见P184 页）。

踢对方球员

绊摔对方球员

飞扑向对方球员

冲撞对方球员

用手或手肘击打对方球员

推对方球员

在触球前先踢到对方球员的脚

拉扯对方球员

向对方队员吐唾沫

用手或手臂触球。

※ 守门员除外。

⚽ 越位

越位是一种越过对方球员传球而造成的犯规。具体来说，如果一名己方球员在对方球场内接到传球时，他的前方没有两名以上的对方球员，则他处于越位位置。但如果在队友传球的瞬间，他的前方已有两名以上对方球员，则不会被判越位。

越位

越位线

处于越位位置，接下己方传球。

不越位

越位线

在己方传球之前，未处于越位位置。

⚽ 任意球

罚球时，须将球放在球员的犯规地点进行踢球。任意球分为"直接任意球"和"间接任意球"，前者可以将球直接射入对方球门得分，后者需要由其他球员触球后进球得分。罚任意球时，对方球员必须离球7米（11人制比赛时为9.15米）以上。

⚽ 罚球点球（PK）

如果第183页中提及犯规动作发生在己方罚球区内，裁判将判给对方点球机会。罚球点球时，球员可直接射门。

这里将介绍在足球训练和比赛中的常用的，以及我们在电视足球转播、报纸和杂志等媒体中经常听到的词汇。
将这些用语与比赛场景联系起来，会更容易记忆哦。

记住这些很有用！
足球专业用语

●提前传中（early cross）
在进攻时，将球传给朝向对方球门方向且位于对方球门较远位置的队友，以防止对方球员回防。

●眼神示意（eyecontact）
通过眼神交流彼此的想法。

●客场（away）
在对方球队的本部或对方国家进行比赛。

●助攻（assist）
指给射门球员传球的行为。或指给射门球员传球的球员。

●伤停补时（additional time）
伤停补时是指比赛因球员受伤或其他原因中断时，裁判员在上半场或下半场中追加的额外时间。

●内弧线球（inswing）
内弧线球是一种踢球技巧，能踢出向球门方向旋转的球。

●截球（intercept）
在对方进攻时，阻止对方的传球或盘带，将对方的球截走。

●空当（gap）
指对方球员的背后（对方球门方向）无人防守的空隙。

●倒挂金钩（overhead kick）
以头下脚上的倒立姿势，将头顶的球向后踢入球门。也被叫作"自行车射门"。

●叠瓦式跑位（overlap）
位置相对靠后的球员绕过持球队友上前协助。

●OFE（offence）
指进攻或进攻球员。

●无球跑动（off the ball）
指在不持球情况下进行跑动。

●越位陷阱（offside trap）
足球战术中的一种防守策略，防守球员通过自身移动来控制对方球员越位位置，使其越位。

●不越位（onside）
在球场上处于非越位的位置或区域。

●持球（on ball）
指拿球进行盘带、传球等动作的状态。

●快速反攻（counter attack）
从对方手中成功截球后，快速攻向对方球门。

●补位（cover）
当己方防守球员被对方进攻球员以盘带等方式突破时，己方其他防守球员立刻上前拦截对方进攻球员。

●人墙（set a wall）
当攻方获得任意球机会时，守方会利用多名防守球员在球门前排成一列，阻止对方传球或射门的战术。

●控球（keep possession）
控球是指保持球权不被对手抢断的技术动作。

●开球（kickoff）
将球放在中圈位置，一方踢球开始或重开比赛。

●柱式中锋（post player）
主要负责在对方球门前等待机会接球、控球或传球进攻的前锋。

●滚地球（grounder）
沿地面位置滚动的球。

●解围（clear）
为摆脱己方危机，尽力让球远离己方球门，或者将球踢出边线的一种防守技巧。

●替换球员（substitute）
指将场上正在比赛的一名球员换下，由替补球员替代其上场进行比赛。

●边路（side）
指靠近边线的区域。球员背对己方球门时，其右侧靠近边线的区域称为右边路，其左侧靠近边线的区域称为左边路。

●转换边路（side change）
将球从一侧传向另一侧边路。一般防守的球员会聚集在有球的边路，而没有球的另一侧的防守会相对薄弱，因此转换边路往往会给攻方带来机会。

● 后援（supporter）

支持球队的球迷。

● 假摔（diving）

指球员假装被对手犯规并摔倒，以骗取判罚。

● 足球裁判员（football referee）

"主裁判"需要在球场上跑动判罚比赛。两条边线上的"副裁判"除判定越位和界外球外，还要协助主裁判工作。

● 直塞（through pass）

传球给对方防守球员身后的我方球员。直塞球是关乎进球的决定性传球。

● 守门员救球（save）

指守门员阻止对手进球。

● 定位球（set play）

包括任意球、角球球门球、点球和中圈开球。

● 传中（center）

在进攻时，从边路传球给站在对方球门面前的己方球员。

● 联防（zone defence）

防守时，每位球员都守好指定的位置。

● 鱼跃冲顶（diving header）

球员以鱼跃姿势进行头球射门。

● 直接进攻（direct play）

尽可能不耗费时间和精力，直接将球送往球门。

● 铲球（tackle）

铲球是指用脚阻挡对方球员传球、盘带以及射门的动作。

● 直传（forward pass）

直接传球给站在对方球门方向的己方球员。

● 德比战（derby match）

来自同一地区或城市的两支球队间所进行的比赛。

● 前场阻截（forecheck）

指为从对方球员手中截球而去追球。

● 平局（draw）

比赛以平局结束。另外，其对应英文单词"draw"在大赛等场合还有为决定分组而进行抽签的意思。

● 近侧（near side）

指持球者所看到的，靠近自己的一侧。

● 关键区域（vital area）

罚球区外的球门正面区域。

● 回传（back pass）

向位于身后的队友进行传球。

● 中场休息（halftime）

比赛上半场结束后，下半场开始前选手休整的时间。

● 拳击球（punching）

守门员用拳头将球击出球门区域。

● 远侧（far side）

指持球者角度远离自己的一侧。

● 外场球员（outfielder）

除守门员外的其他球员，特指"非门将球员"。

● 无人盯防（free）

指周围没有对手盯防。

● 拉开距离（pull away）

指与对方防守球员拉开距离，是进攻球员需要具备的重要技巧之一。

● 实时比赛（play-on）

指比赛正在进行。

● 施压（press）

靠近持球的对手，截球或施加压力。

● 主场（home）

指在自己球队所在的地区或国家进行比赛。

● 观望球员（ball watcher）

在比赛中不积极主动的队员。

● 凌空抽射（volley kick）

指踢球者将踢球脚抬至腰部，凌空踢球。

● 盯防（mark）

贴身防守对方球员，让其无法自由行动。

● 替补球员（reserve）

球队换人时出场的球员。

● 比赛再次开始（restart）

比赛暂停后，以掷界外球或任意球等方式重新开始。

● 回撤（retreat）

球被对手抢走后，防守球队立即回到己方半场防守球门。

● 双方均未持球（loose ball）

球场上，两队双方球员均未持球。

● 长传（long pass）

向远处的队友进行传球。

● 一脚出球（one touch）

在不停球的情况下，触球时直接传球或射门。

● "二过一"配合（one-two）

一位球员传出球的同时向前跑动，接到传球的另一位球员再将球传给跑动的球员，以此绕过对手。又被称作"撞墙式"配合。